BUSINESS STRATEGY

"经营有道"系列

# 商场超市经营管理158个怎么办



付玮琼 主编

化学工业出版社

·北京·

《商场超市经营管理158个怎么办》共10章，158个知识点。

《商场超市经营管理158个怎么办》内容包括商场超市的布局管理、商场超市的商品管理、商场超市的理货管理、商场超市的防损管理、商场超市的服务台管理、商场超市的采购管理、商场超市的成本控制、商场超市的促销管理、商场超市的后勤管理、商场超市的安全管理等方面。

书中每章都分为两个板块：基础知识和常见问题解答，条理清晰，一目了然，其间穿插经典案例、经典范本进行补充解读，使读者能在最快时间内查找和掌握想要了解的相关内容。

《商场超市经营管理158个怎么办》旨在为初入商场超市职场的管理人员或者在管理上有不少困惑的商场超市同仁提供一些经验指导。

**图书在版编目(CIP)数据**

商场超市经营管理158个怎么办/付玮琼主编. —北京：化学工业出版社，2015.7（2023.4重印）
（“经营有道”系列）
ISBN 978-7-122-23899-3

Ⅰ.①商… Ⅱ.①付… Ⅲ.①商场-经营管理-基本知识②超市-经营管理-基本知识 Ⅳ.①F717

中国版本图书馆CIP数据核字（2015）第094999号

---

责任编辑：陈　蕾　　装帧设计：尹琳琳
责任校对：边　涛

---

出版发行：化学工业出版社（北京市东城区青年湖南街13号　邮政编码100011）
印　　装：天津盛通数码科技有限公司
710mm×1000mm　1/16　印张 $10\frac{1}{2}$　字数206千字
2023年4月北京第1版第9次印刷

---

购书咨询：010-64518888　　售后服务：010-64518899
网　　址：http://www.cip.com.cn
凡购买本书，如有缺损质量问题，本社销售中心负责调换。

---

**定　价：38.00元**

随着城镇化进程的不断加速，越来越多的人口进入城镇中。在城镇中，商场超市是人们购物与消费的主要场所。因此，城镇化的推进为商场超市提供了良好的发展前景。

国外零售业巨头沃尔玛、家乐福等众多知名零售集团在我国开发布局了大量的卖场，由于其成熟的管理模式和先进的管理经验，对国内各商场超市带来了巨大的冲击，同时，随着“京东商城”“天猫商城”“一号店”等网络超市和电子商务的迅猛发展，也使得商场超市竞争趋于激烈，再加上国家对零售业的管理越来越规范、严格，而消费者的要求则越来越高，这迫使商场超市需不断寻求新的增长点和探讨更加先进的管理和服务模式，以满足消费者日益增长的需求。

作为零售业的商场超市只有不断学习先进经验，提高自身管理与服务水平，提升各级管理人员和员工的综合素质，才能在激烈的市场竞争中立于不败之地。

基于此，我们组织相关专家和一线商场超市管理人员共同编写了《商场超市经营管理158个怎么办》一书，旨在为初入商场超市职场的管理人员或者在管理上有不少困惑的商场超市同仁提供一些经验方面的指导。

《商场超市经营管理158个怎么办》一书分10章，总共设置了158个知识点，同时每章分基础知识和常见问题解答两个板块，中间穿插或附录经典案例栏目做补充解读。具体章节包括商场超市的布局管理、商场超市的商品管理、商场超市的理货管理、商场超市的防损管理、商场超市的服务台管理、商场超市的采购管理、商场超市的成本控制、商场超市的促销管理、商场超市的后勤管理、商场超市的安全管理等内容。

《商场超市经营管理158个怎么办》由付玮琼主编，参与编写和提供资料的有王艳红、王志勇、王志强、董军、张建强、杨杰、杨晓丽、杨永涛、孙华、魏小云、李军、王高翔、靳玉良、刘建伟、刘海江、李辉、陈运花、匡五寿、张众宽、张海雷、郭华伟、陈素娥、陈超、秦广、孙小平，最后全书由匡仲潇统稿、审核完成。在此，对他们一并表示感谢！由于编者水平有限，不足之处敬请读者指正。

编　者

# 第一章 商场超市的布局管理

# 第二章 商场超市的商品管理



# 第三章 商场超市的理货管理

## 第六章 商场超市的采购管理



## 第七章 商场超市的成本控制

## 第十章　商场超市的安全管理

# 第一章 商场超市的布局管理

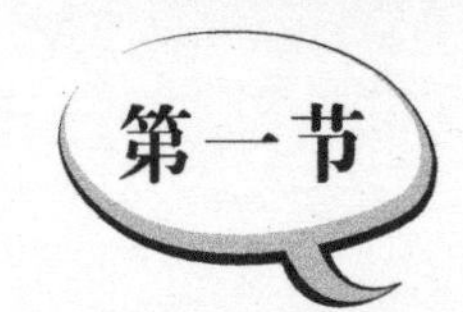

# 第一节 布局管理的认知

## 认知1：布局管理在商场超市经营中的意义

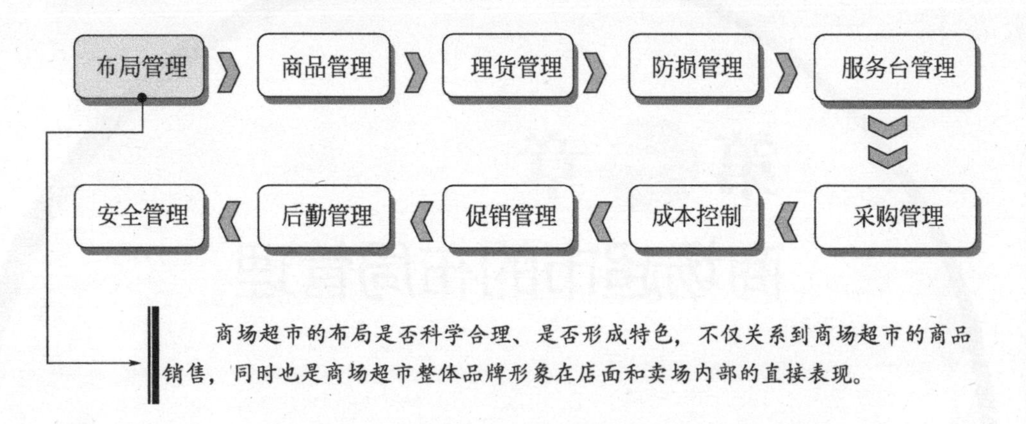


## 认知2：商场超市经营中布局管理的概念和好处

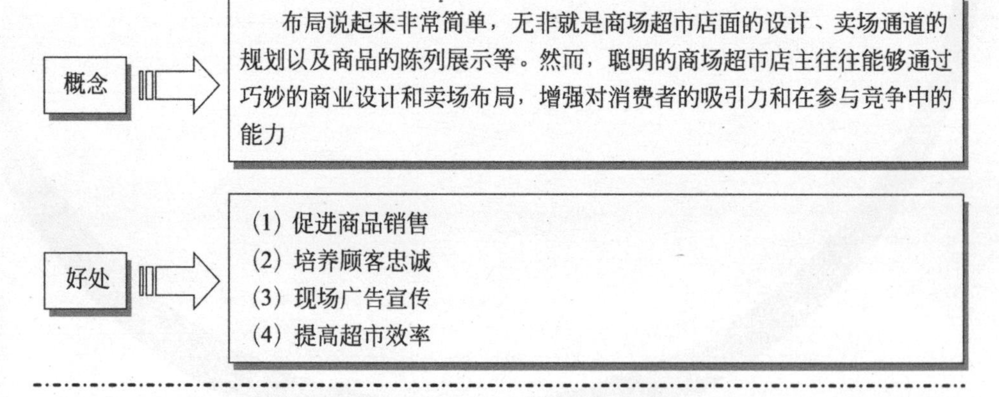


备注：

(1) 超市的终极目的就是销售商品，布局的终极功能同样也是为商品的销售服务。布局，除了成就超市的整体形象和人文气氛以外，最关键的是形成对商品的销售力。

(2) 顾客的忠诚是超市培养出来的，而非一开业就能够拥有的。顾客忠诚是一种资源，特色的、人文的、能够为消费者所接受和偏好的布局将有助超市企业培养顾客忠诚一臂之力。

(3) 商品的本身就是广告，超市的布局陈列同样是一种广告。要通过商品的极大丰富及合理分布来招徕顾客、吸引顾客、刺激顾客的购买欲。在实施布局规划的过程中，中小超市要把布局规划当作超市企业对外宣传的一种理好途径，进而结合周边商业环境，有计划、有步骤地进行。

(4) 布局的合理科学，不仅能作用于顾客，同样会给店员一种便利和享受。繁杂凌乱的通道规划和商品摆放，只会降低店员在卖场内的工作效率。

## 认知 3：商场超市布局的设计效果

超市卖场是企业与顾客以货币和商品进行交换的场所。一般来说，超市卖场指的就是店铺内陈列商品供顾客选购的营业场所。超市卖场布局最终应达到两个效果。

**1. 顾客与店员行动路线的有机结合**

对顾客来说，应使其感到商品非常齐全并容易选择；对店员来说，应充分考虑到工作效率的提高。

**2. 创造舒适的购物环境**

主要是指卖场通道设计。超市通道划分为主通道与副通道。良好的通道设置，就是引导顾客按设计的自然走向，走向卖场的每一个角落，接触所有商品，使卖场空间得到最有效的利用。以下各项是设置通道时所要遵循的原则。

1 要保证顾客提着购物筐或者推着购物车，能与其他顾客并肩而行或顺利地擦肩而过

2 通道要尽可能避免迷宫式通道，要尽可能进行笔直的单向通道设计

3 通道地面应保持平坦

4 少拐角，通道途中可拐弯的地方要少

5 通道上的照明度要比卖场亮

6 在通道内不能陈设、摆放一些与陈列商品或促销无关的器具或设备

**通道设计的基本原则**

# 第二节 常见问题解答

## 解答 1：如何设计卖场的出入口

任何一种零售业态都是从请顾客进入店内开始的，因此如何让顾客很容易地

进入店内购物就成为卖场设计首先考虑的问题。

卖场的入口与出口应分开，各设 1 处，并与主通道连接，这样保证没有死角，使顾客尽可能转遍整个商场（超市）。

国外跨国企业的大型综合商场（超市）在设计卖场时，将出入口完全分开，例如美国沃尔玛超市、法国家乐福超市。

沃尔玛超市的出入口设计。沃尔玛在设计卖场布局时，分为上下两层，将入口处设计为从二层卖场入口，将一层卖场设计为出口，具体示意如下图所示。

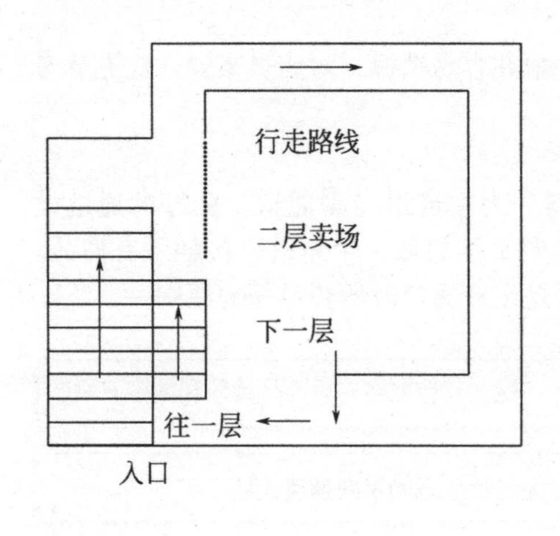


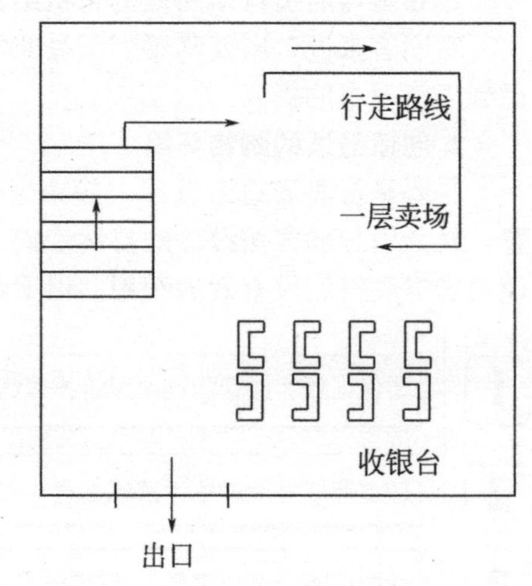


沃尔玛卖场出入口示意图

特别提示：▶▶▶

入口设计要宽敞，方便顾客通行。入口地面应干净、整齐，上方必须有明确的“入口”标志。

## 解答 2：如何设计购物路线

商场（超市）商品布局设计非常重要的一步，就是设计顾客购物的路线。良好的购物路线是商场（超市）无形、无声的导购员。因为若设计一条适应人们日常习惯的购物路线，顾客就会自然地沿着这一线路而行，能看到卖场内各个角落的商品，实现最大限度的购买量。

目前，卖场中存在着两条流动线：顾客流动线和商品配置流动线。这里主要讲述顾客流动路线的设计应遵循的基本要求，如下图所示。

收银台终点

顾客购物路线的设计，应当让顾客浏览各商品部和货架，最后的出口应为收银台。收银台应是顾客流动线的终点

避免死角

所谓有死角，一是指顾客不易到达的地方，二是指不能通向其他地方而只能止步回折的区域。死角，或是使顾客无法看到陈列商品，或是使顾客多走了冤枉路，都有会使流动线无效率，卖场也会无效益，因此，应避免出现死角

拉长线路

市场调查表明，顾客购物的线路越长，在店中停留的时间越多，从而实现的购买额越大。因为，购物路线的延长表明顾客可以看到更加丰富的商品，选择的空间加大

适当的通道宽度

进入卖场的顾客，通常是提购物篮的或推购物车的，适当的通道宽度不仅便于顾客找到相应的商品货位，而且便于仔细挑选，也会形成一种宽松、舒适的购物气氛

**顾客流动路线的设计要求**

**特别提示：▶▶▶**

商场（超市）可以拉长购物路线是以丰富的商品陈列作为基础，但同时要注意，购物路线也不能过长，如果顾客不熟悉商场（超市）的走向，长时间走不出去，很容易对商场（超市）产生抱怨的情绪。

不同业态的卖场，其顾客的购物路线有所不同。对于商场（超市）卖场来说，出入口一般在一个方向，因此，顾客购物路线常是一个大环型轮廓，附以若干曲线。其基本模式如下图所示。

最佳的顾客购物路线是顾客进入后，沿周边绕行，再进入内侧货架区。顾客穿行货架越多，购买额越大。当然许多顾客不会将卖场转一个圈，但有意识地将周边通道加宽是必要的，人们总是习惯走较宽的通道。同时，在关键部位设置独特、鲜艳的商品会起到路标作用，可让顾客光顾更多的货架。

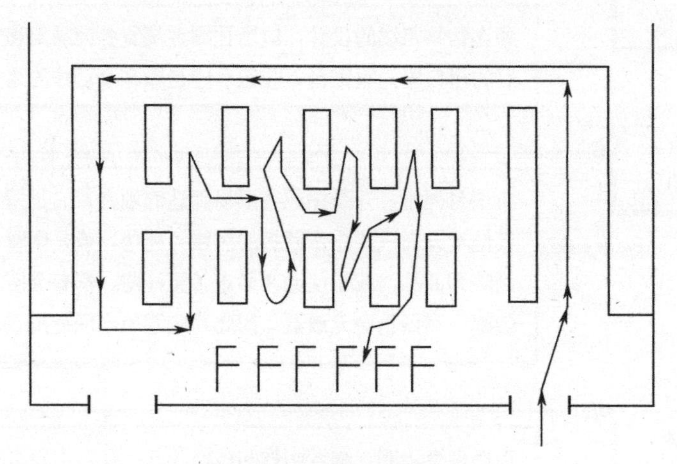


顾客购物路线基本模式图

## 解答 3：如何确定商品陈列面积

根据卖场规模确定的方法，可计算出商场（超市）为满足顾客需求的最有效与最经济的面积，但这些面积要如何分配到各商品呢？以下有两种方法。

**1. 根据国民消费支出比例，参照现在有卖场的平均比例进行划分**

假设不论什么商品，其每一平方米所能陈列的商品品种数都相同，那么为满足顾客的需求，卖场各种商品的面积配置比例应与国民消费支出的比例相同。

但目前卖场的商品结构比与国民消费支出的结构比有很大的差异，更何况各种商品因陈列方法的不同，所需的面积也有很大的差异。但商场（超市）仍需以此数据为基准，在进行最简单的分配后，再做调整。

**2. 参考竞争对手的配置，发挥自己特色来分配面积**

商场（超市）在进行卖场商品的配置前，可以先找一家竞争对手或是某家经营得很好的、可以模仿的卖场，了解对方的卖场商品配置。

例如，某卖场是竞争店，它有 100 米的冷藏冷冻展示柜，其中果蔬 20 米、水产 10 米、畜产 1.5 米、日配品 50 米。

接着就要考虑自己卖场情况：如果你的卖场比它大，当然就可以扩充上述设备。陈列更多的商品来吸引顾客；如果你的卖场面积较小，则应先考虑可否缩小其他干货的比例，以增加生鲜食品的陈列面积。

在大型商场（超市）经营中，生鲜食品是否经营成功往往也就决定了其成败。如果面积一样，那则可分析他们这样的配置是否理想；如果自己有直接的批发商，则可以在果菜方面发挥特色，增加果菜的配置面积，而对其他商品的陈列面积进行适度的缩小或要求得更高一点。对于其他干货类的一般食品、糖果、饼干、杂货等，也都可用此方法分析。

各商品大类（部门）的面积分配做好后，应再依中分类的商品结构比例，进行中分类商品的分配，最后再细分至各单品，这样就完成了陈列面积的配置工作。

## 解答4：如何进行商品配置

有了陈列面积的配置后，商场（超市）在具体的商品配置上应依据顾客的购物路线，也就是购物商品的顺序进行商品配置。顾客到卖场购物的顺序一般如下图所示。

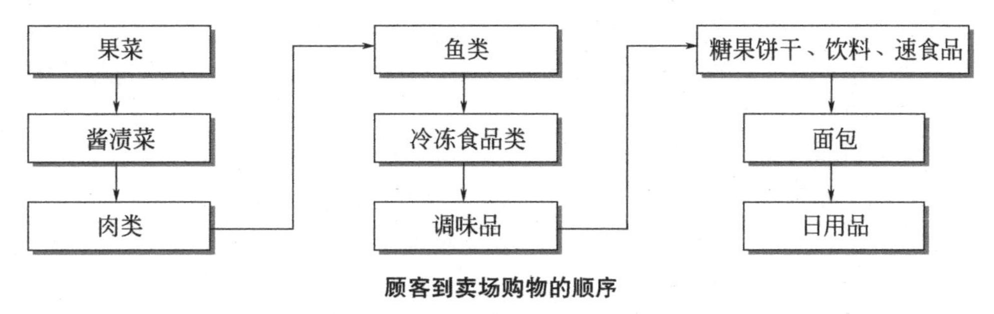


顾客到卖场购物的顺序

依据顾客的购物习惯，商场（超市）便可决定商品的配置。目前我国许多商场（超市）的商品配置如下图所示。

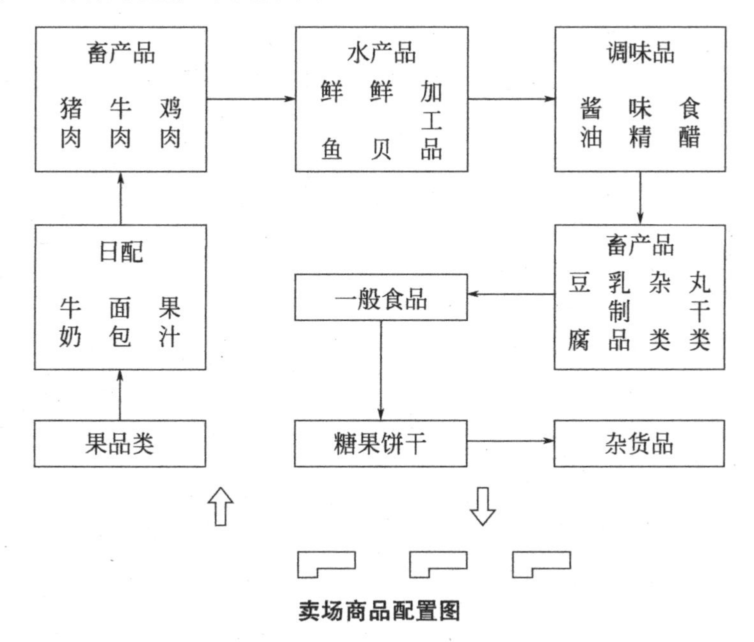


卖场商品配置图

(1) 新鲜的果蔬是顾客每日必购的物品，摆在进口处较容易吸引顾客；而果菜的颜色鲜艳，可以加深顾客的印象，较能表现季节感；同时，水果的大量陈列，可以给顾客丰富的感觉。所以绝大多数大型卖场都将果菜类摆在进口处，其销售额都较高。

（2）日配品中，牛奶与果汁由于购买频率高，销售单价又不高，并且已成为现代人们生活的必需品，所以许多商场（超市）逐渐将它们放在主通道上。

## 解答5：如何调整卖场的功能性布局

卖场功能性布局主要是依据磁石理论对商品的布局进行调整。所谓磁石就是指卖场中吸引顾客注意力的商品。

运用磁石理论调整商品布局就是在配置商品时，在各个吸引顾客注意力的地方陈列合适的商品，来诱导顾客逛完整个卖场，并刺激他们的购买欲望，扩大商品销售。根据商品对顾客吸引力的大小，可以将其分为第一磁石、第二磁石、第三磁石和第四磁石以及第五磁石。

各磁石的商品布置要点如下。

**1. 第一磁石**

在卖场中，人们普遍认为“第一磁石”商品大多是消费者随时需要，又时常要购买的。

例如，蔬菜、肉类、日配品（牛奶、面包、豆制品等），应放在第一磁石点内，可以增加销售量。

**2. 第二磁石**

第二磁石商品应该是洗涤用品，这些商品具有华丽、清新的外观，能使顾客产生眼前一亮的感觉，外观效果明显。第二磁石点需要超乎一般的照度和陈列装饰，以最显眼的方式突出表现，让顾客一眼就能辨别出其与众不同的特点。同时，第二磁石点上的商品应根据需要隔一定时间便进行调整，保持其基本特征。

**3. 第三磁石**

第三磁石商品应该是个人卫生用品，它们常被陈列在超级市场出口对面的货架上，发挥刺激顾客、留住顾客的作用。这些商品也是高利润商品，顾客较高的购买频率保证了该类商品一定规模的销售量。第三磁石商品的作用在于吸引顾客的视线，使顾客看到配在第三磁石商品背后的辅助商品。

**4. 第四磁石**

第四磁石商品应该是其他日用小商品。它们一般被陈列在超级市场卖场的副通道两侧，以满足顾客求新求异的偏好。

为了使这些单项商品能引起顾客的注意，应在商品的陈列方法和促销方法上对顾客进行刻意表达诉求，尤其要突出POP效果（POP即Point of Purchase，卖点广告）。

例如，大量的陈列筐式陈列、赠品促销等，以增加顾客随机购买的可能性。

**5. 第五磁石**

在第五磁石位置，卖场可根据各种节日组织大型展销、特卖活动的非固定卖场。其目的在于通过采取单独一处多品种大量陈列方式，造成一定程度的顾客集中，从而烘托购物气氛。同时展销主题的不断变化，也给消费者带来新鲜感，从而达到促进销售的目的。

## 解答 6：如何设计停车场

停车场是商场（超市）的重要组成部分，停车场的设计方法如下图所示。

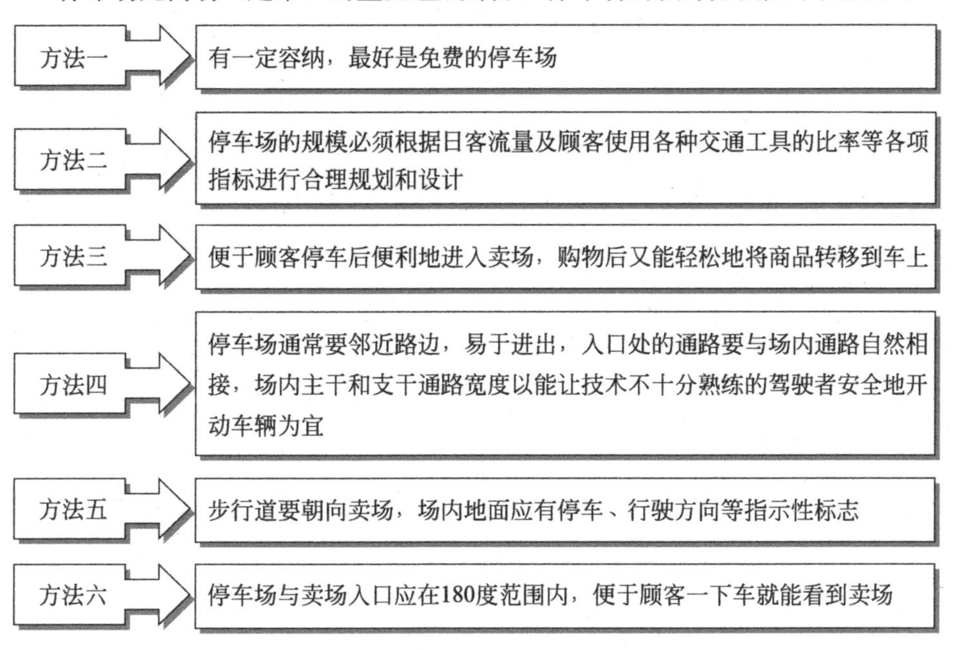


停车场的设计方法

## 解答 7：如何设计店外广告

商场超市的店外广告设置是商场外部空间环境设计的一部分，也是商场外部景观的一个重要聚集点和视觉延伸，它应能充分体现商场的文化特质和人文内涵，并展示出一个商场特有的风格和定位。因此，在设计店外广告时，要遵循如下图所示的两个原则。

造型简练，设计醒目

要想让卖场给顾客留下深刻的印象，必须以简洁的形式、新颖的格调、和谐的色彩突出自己的形象，否则就会被顾客忽视

强调现场广告效果

由于商品陈列具有直接促销的特点，因而必须深入实地了解卖场的内部经营环境，研究经营商品的特色（例如商品的档次、质量、工艺水平、售后服务状况、知名度等）以及顾客的心理特征与购买习惯，力求设计出最能打动消费者的商品陈列广告

店外广告设计的原则

## 解答8：如何设计卖场的墙壁

卖场的墙壁在设计上应与所陈列商品的色彩及内容协调、与卖场的环境和形象适应，一般来说，要达到如下图所示的要求。

1. 壁面上架设陈列柜，以摆放、陈列商品（多用于食品店、文具店、杂货店、书店、药店等）
2. 壁面上安置陈列台，作商品展示处（多用于各类服饰店、家用电器店等）
3. 壁面上装简单设备，以悬挂商品、布置展示品（多用于各类电器店、服饰店）
4. 壁面上安一些简单设备，作装饰用（多用于家具店等主要在地面展示商品的卖场）
5. 壁面的材料应以经济实用为原则，例如在纤维板上粘贴印花饰作为墙面，便于安装、拆卸

卖场墙壁设计的要求

## 解答9：如何设计卖场的照明设施

在设计卖场的照明时，通常按照基本照明、重点照明和装饰照明三种照明来具体设计。

（1）基本照明。基本照明是确保整个卖场获得一定的能见度而使用的照明。在商场（超市）里，基本照明主要用来均匀地照亮整个卖场。

例如，天花板上使用荧光灯、吊灯、吸顶灯就是基本照明。

（2）重点照明。重点照明也称为商品照明，它是为了突出商品优异的品质，增强商品的吸引力而设置的照明。常见的重点照明有聚光照明、陈列器具内的照明以及悬挂的白炽灯。在设计重点照明时，要将光线集中在商品上，使商品看起

来有一定的视觉效果。

例如食品，尤其是烧烤及熟食类应该用暖色光的灯具照明，可以增强食品的诱惑力和色彩的亮丽。

（3）装饰照明。装饰照明是为求得装饰效果或强调重点销售区域而设置的照明，是塑造视觉形象的一种有效手段，被广泛地用于表现独特个性。

常见的装饰照明有：霓虹灯、弧形灯、枝形吊灯以及连续性的闪烁灯等。

在设计卖场照明时，并不是越明亮越好。在不同区域，如橱窗、重点商品陈列区、通道、一般展示区等，其照明光的强度（即照度）是不同的，具体要求如下。

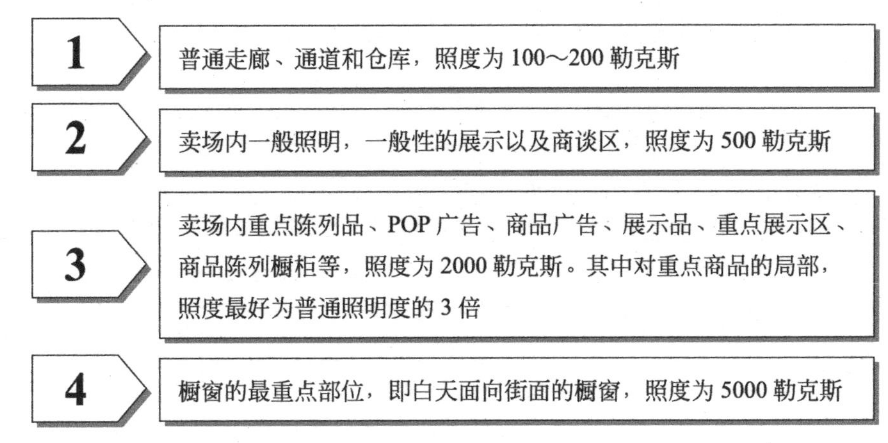


卖场内照明设计要求

## 解答10：如何设计标牌设施

标示用设施包括指示图、商品别的标示、机动性指标等，其设计要点如下图所示。

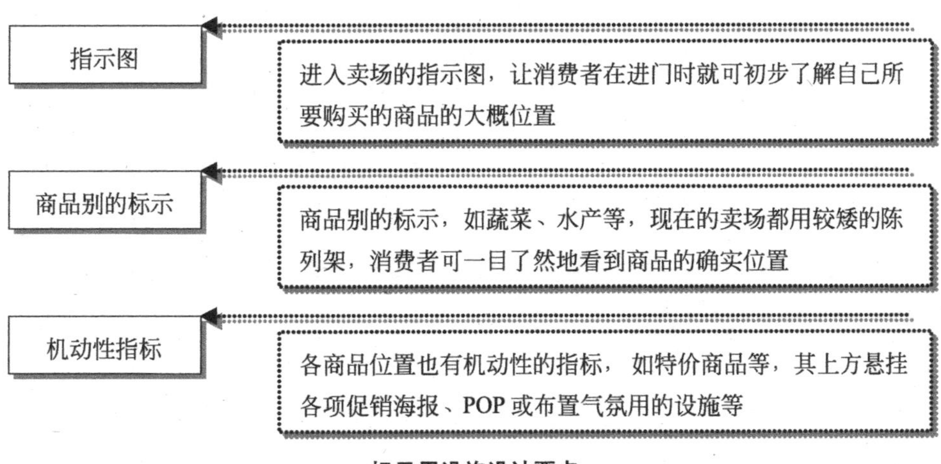


标示用设施设计要点

**特别提示：▶▶▶**

不管用何种标示用设施，都应考虑出入口、紧急出口等引导顾客出入的标示是否显而易见，各部门的指示标志是否明显，气氛布置设施是否容易使用，广告海报是否陈旧破烂等。

## 解答 11：如何配置与设计收银台

一般说来，收银台应设在卖场显眼的位置。也就是顾客最能注意到的地方，如卖场的出入口处，或两层上下电梯间附近。

收银台设在出入口处时，一般是由收银台在出入口处分隔成出入通道，呈"一"字形布置。结账通道即出口通道数量可根据卖场规模的大小设置，然后根据营业规模的大小预测分别配置适量收银机，但收银机的网络线应成倍预留。在条件许可的情况下，还应设置一条"无购物通道"供那些没有购物的顾客出入，以免造成出入口拥挤，同时对商品流出卖场也可以起到有效的控制作用。

如果收银台设在两层上下电梯间附近，收银员背对区域一般应设置背景板或形象板，或是陈列摆放了少量重点商品，新商品和促销品的货架，也可以展示顾客文明公约，各楼层经营项目背板或畅销商品排行榜等。这就要求该区域的灯光要比卖场的整体照明度高，以形成明暗对比，突出卖场的招牌形象以便于顾客记忆和宣传，或突出重点商品以促进销售。

结账通道的宽度一般设计为 1～1.2 米，这是可供两位顾客同时正常通过的最佳尺寸：长度则应根据正常情况下的客流量大小而定，一般是扣除了收银台本身的长度外，收银台与最近的货架之间的距离之间应该有 4 米以上，以保证有足够的空间让等候的顾客排队。

卖场收银台的数量应以满足顾客在购物高峰时能够迅速付款结算为出发点。大量调查表明，顾客等待付款结算的时间不能超过 8 分钟，否则就会产生烦躁的情绪。在购物高峰时期，由于顾客流量的增大，卖场内人头攒动，无形中就加大了顾客的心理压力。此时，顾客等待付款结算的时间更要短些，使顾客快速付款，走出店外，缓解压力。

**特别提示：▶▶▶**

无论收银台设置在哪里，收银台的高度应该不超过 0.7 米，且收款过程必须是透明的，能让顾客看得清清楚楚：至于宽度，则必须有足够的地方来放顾客随手拿的其他东西，尤其是不止购物买一件商品的顾客。

## 解答 12：如何设计存包处

存包处一般设置在卖场的入口处，配备 2～3 名工作人员。顾客进入卖场时，首先存包领牌；完成购物以后再凭牌取包。现在许多规模大的卖场都设有自助式的存包服务，顾客自己存包，自己取包，减少了等待时间。

不论采用何种形式的存包方式，都应该是免费的，否则会引起顾客的反感，直接影响到卖场的销售业绩。

## 解答 13：如何设计橱窗

橱窗是商场（超市）用于展示商品的部位，顾客通过橱窗，可以直观地看到具体的商品陈列情况。

橱窗的设计、装饰、陈列可以说是一种艺术，应当由专业人员来进行。橱窗的主要设计要点如下。

（1）橱窗原则上要面向客流量大的方向。

（2）橱窗可以多采用封闭式的形式，与商品整体建筑和卖场相适应，既美观，又便于管理商品。

（3）为了确保收到良好的宣传效果，橱窗的高度要保证成年人的眼睛能够清晰地平视到，一般要保持在 80～130 厘米。小型商品可以放高一点，从 100 厘米高的地方开始陈列，大型商品则摆低一点，根据人身的高度相应调整。

（4）道具的使用越隐蔽越好。

（5）灯光的使用一是越隐蔽越好，二是色彩需要柔和，避免使用过于复杂、鲜艳的灯光。如果橱窗里安装了日光灯，连遮蔽也没有，这样顾客所看见的不会是陈列商品，而是刺眼的灯光，就会影响顾客的注意力。

（6）背景一般要求大而完整、单纯，避免小而复杂的烦琐装饰，颜色要尽量用明度高、纯度低的统一色调，即明快的调和色。

（7）以大面积的透明玻璃使人一眼就能看到卖场内部。

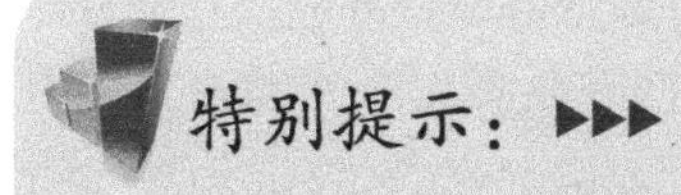

特别提示：

橱窗设计应力求美观、简洁。同时要列出陈列商品的名称，方便顾客辨认。

下面提供一份××商场橱窗管理规范的经典范本，供读者参考。

## 【经典范本】××商场橱窗管理规范

### ××商场橱窗管理规范

橱窗是商场的重要宣传手段之一，体现了商场的形象、定位和特色，直接反映商场所经营商品的热点和卖点，同时也可表现出所陈列品牌的风格与特点，作为品牌宣传的一个较为重要及有效的宣传途径，为能使橱窗充分、有效地发挥商业作用，特制订此管理规定。

1.各层橱窗由招商部负责引入，且入驻品牌须具备一定影响力。招商部将意向品牌提供至营销策划部，由营销策划部和有意向的供应商洽谈、沟通制作橱窗事宜。

2.确定橱窗使用方后，供应商应上报橱窗效果图及灯位图至营销策划部，由营销策划部审核后上报至公司领导审批，审批合格后方可施工。

3.效果图审批完成后，由营销策划部反馈至供应商，供应商按照效果图场外制作，与营销策划部确定进场时间，并于进场前至财务部缴纳橱窗装修施工保证金。

4.橱窗更换、施工期间不可出现空档现象，橱窗使用方需严格按照确认施工日期执行。橱窗拆除时间为每日上午，安装时间为每日下午至闭店前。第一日安装必须保证橱窗主形象完成（以撤场时间为准），允许第二日做细部调整。

5.橱窗使用方应保证施工按图纸进行，安装后效果与效果图保持一致。未达到效果者，须按营销策划部意见进行整改。

6.橱窗使用方在进行施工时，商场原有设备设施以及公共区域装点不得损坏，所有损坏须照价赔偿或恢复至原状态。结束施工后，须保证橱窗内卫生环境整洁。使用过程中，橱窗使用方应保持橱窗内卫生，若巡场时发现卫生问题，营销策划部将告知营运部，由营运部通知专柜导购员整改。

7.施工方因个人原因造成人身伤害，商场免责。施工过程中所使用的所有材料必须符合国家标准。由于材料、施工质量问题造成的损失，供应商须向商场进行赔偿。

8.橱窗使用方在对橱窗内部进行模特、服装、背景、灯光调整时，须向营销策划部提出申请，审核通过后方可调整。橱窗钥匙由营运部统一管理。

9.橱窗在使用过程中，供应商使用的灯具、模特等耗材如有损坏应及时更换，避免影响橱窗整体效果。

10.橱窗更新方面，要根据不同季节进行相应更新，需体现季节特点与流行因素，橱窗内模特的服装、道具及背景等因素须合理利用。更换时间以季节变化为主，具体时间营销策划部提前10天以书面形式通知。

# 第二章 商场超市的商品管理

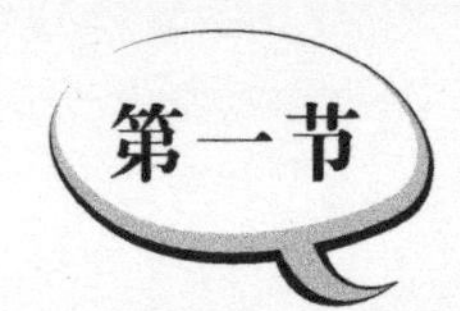

# 第一节 商品管理的认知

## 认知1：商品管理在商场超市经营中的意义

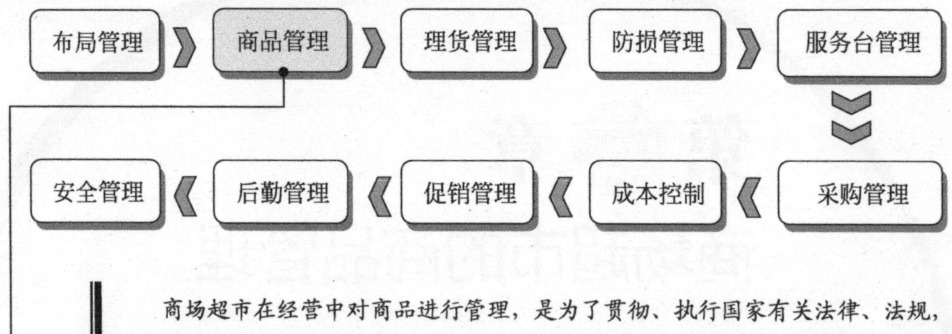


商场超市在经营中对商品进行管理，是为了贯彻、执行国家有关法律、法规，实行明码标价，同时规范商品标识，做到现场标识整体美观大方，协调统一，使顾客一目了然。

## 认知2：商场超市经营中商品管理的定义和原则

定义：商品管理是指一个零售商从分析顾客的需求入手，对商品组合、定价方法、促销活动，以及资金使用、库存商品和其他经营性指标作出全面的分析和计划，通过高效的运营系统，保证在最佳的时间、将最合适的数量、按正确的价格向顾客提供商品，同时达到既定的经济效益指标

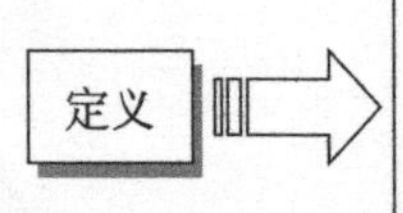

原则：
(1) 商品齐全
(2) 商品优选

备注：

(1) 商品齐全就是要保证顾客来店时能够买到日常必需的商品，因此，商品品种要齐全。具体要求是：商品的品牌要全，商品的大类、品种和规格之间的结构比例要合适。

(2) 商品优选就是要选择主力商品，在经营中，实际上大部分的销售额只来自于一小部分商品，即80%的销售额是由20%的商品创造的（即“三八定律”），这些商品是企业获利高的商品，要作为商品管理的重中之重。

## 认知3：商品的分类

对品种繁多的商品进行分类，是商场（超市）科学化、规范化管理的需要；

它有利于将商品分门别类进行采购、配送、销售、库存、核算，提高管理效率和经济效益。

商品分类是把握商品特性的重要方法。根据货品的特性，采取针对性措施加强销售，是商品管理的重要方面。常见的商品分类方法有以下几种。

**1. 按商品销售状况分类**

可以分为畅销商品、主力商品、试销商品、优惠商品、滞销商品、应淘汰商品等。对不同类别的商品，应配合店铺的特性及店铺所在的商圈环境，制订适用的销售计划。

**2. 按商品周期分类**

可分为介绍期、全盛期、保持期、衰退期。店铺应对处于不同阶段的商品制订相应的销售策略，使用相关的促销手段，从而增加销售量。

**3. 按商品价格分类**

可分为高价位、中价位、低价位。应配合店铺的经营方针制订价格策略。

**4. 按照商品销售季节分类**

可分为常年销售商品、季节性销售商品。应配合季节的交替及时调整店铺的商品销售计划。

**5. 按照商品的使用目的分类**

可分为送礼产品、自己消费用商品、集团消费用商品等。店铺可根据光顾店铺的顾客特性掌握不同商品的比例，制订商品计划。

**6. 按照目标顾客群分类**

可以按性别、年龄、职业、生活层次、购买习惯等来区分，并且应该在开店初期即针对这种区分制订商品计划。

**7. 按照商品用途区分**

可根据何时使用、何处使用、如何使用等情况来进行分类，采用相应的商品陈列手段、服务方式等进行销售活动。

**8. 依满意程度区分**

顾客对商品的满意度与各自对商品的不同要求有关，可从色彩、花样、规格、型号、性能、设计风格、制作面料、趣味、款式等方面来衡量，尽量使更多的顾客感到满意，从而增大销售量。

## 第二节 常见问题解答

### 解答 1：如何确定商品的结构

商品结构是指符合商场市场定位及商圈顾客需要的商品组合。卖场要根据市场及顾客需要，不断调整优化商品结构，设计适应市场需要的卖场特色商品结构。具体要求如下图所示。

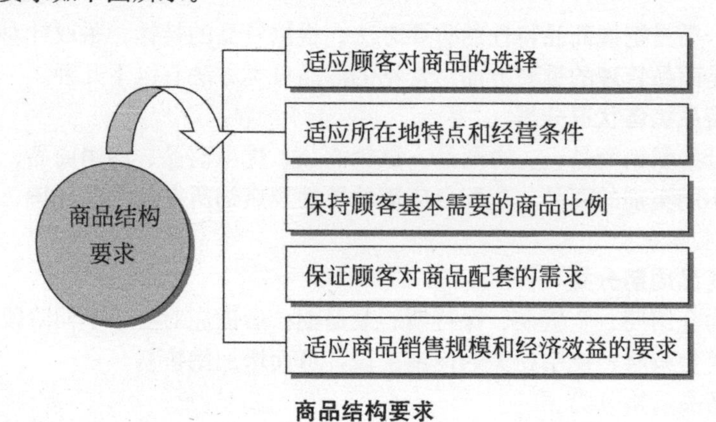


商品结构要求

**1. 适应顾客对商品的选择**

根据卖场所在地的特点和目标顾客对各类商品的选择要求，确定商品结构比例，保持适销对路的花色品种。

**2. 适应所在地特点和经营条件**

确定商品档次的经营比例，根据对商圈内居民的消费习惯、消费支出的分析，确定高、中、低档商品的所占比例。

**3. 保持顾客基本需要的商品比例**

顾客的需要是多方面的，包括商品的品种构成及同种商品的不同规格、质量、服务等方面。对于顾客基本需要的品种、规格和质量要求，要保持必要的经营比例。

**4. 保证顾客对商品配套的需求**

对一些配套使用的商品及连带消费的商品，应列入商品规划，以便顾客购买。

**5. 适应商品销售规模和经济效益的要求**

要正确处理经济效益与商品构成之间的关系，这主要表现在以下两个方面。

（1）商品构成与商品周转速度之间的关系。品种越多，资金占用就越分散，但并非所有品种都能销售得很好，所以既不能片面增加品种影响资金周转速度，也不能片面压缩品种不便顾客选购。

（2）商品构成与商品利润率之间的关系。既要处理好不同利润率的商品之间的比例关系，保证经济效益，又要避免“有利大干、微利不干”，以保证满足顾客的需要。

## 解答 2：如何对新品进店进行管理

供应商为了保持市场竞争力，会定期推出新品，并要求商场（超市）为新品安排货架用于储存工作。商场（超市）必须做好对新品进店手续的办理工作。

新品进店的流程如下图所示。

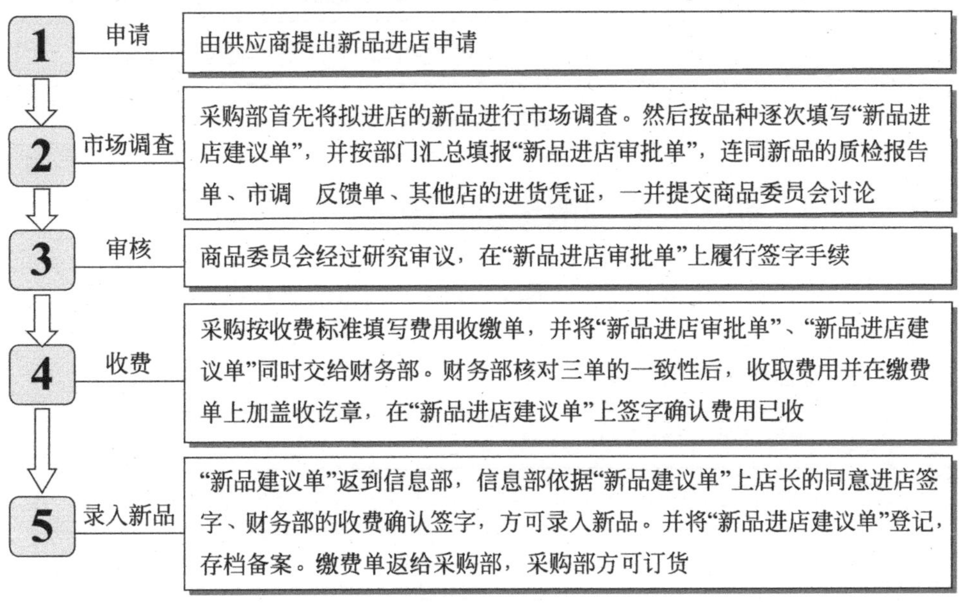


新品进店的流程

## 解答3：如何对商品报损进行管理

商场（超市）中，有些商品发生严重破损或过期等现象，无法继续销售，那么就应当对这些商品进行报损处理，对这些商品进行销毁。

商品报损流程如下图所示。

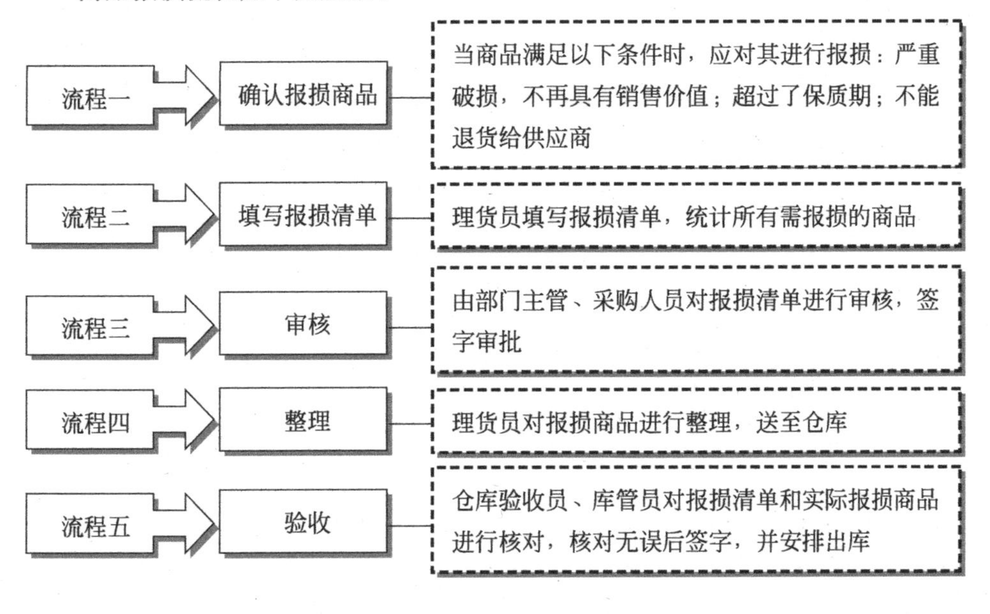

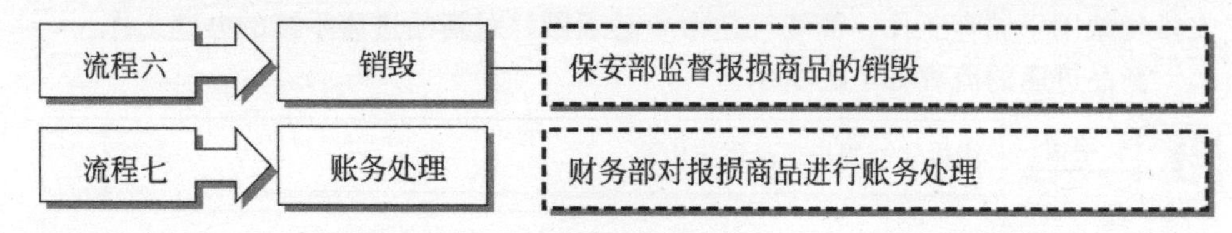


**商品报损流程**

## 解答4：如何对商品退场进行管理

当供应商的商品销售不佳时，商场（超市）可以酌情对其商品实施退场，以便为其他商品腾出陈列空间。

商品退场流程如下图所示。

1 填报“商品退场申请单”

理货员填报“商品退场申请单”，将所有需清场商品的信息进行汇总

2 审核

由部门主管、采购人员、店长逐次审核，并签字确认

3 清理退货商品

理货员根据商品退场申请单，对退货商品进行清理；并将清场商品全部退入仓库退货区

4 出库审核

仓库验收员、保管员按退货流程履行验货出库手续，并签字确认，同时通知供应商前来取货

5 供应商取货

供应商对清场物品进行检验、审核，审核无误后，将清场商品取走

**商品退场流程**

特别提示：▶▶▶

商品的退场关系到商场（超市）和供应商双方的利益，因此，商场（超市）应制定商品退场管理规定，对退场进行规范管理。同时，商场应与供应商做好沟通，确保退场工作顺利完成。

## 解答 5：如何处理滞销商品

滞销品影响资金积压及货架利用，商场（超市）必须适时处理滞销品，尤其新商品，如果不及时处理，滞销越久越难处理，最后可能沦为垃圾。对滞销品必须特别留意，滞销品一般包括如下图所示的三大类。

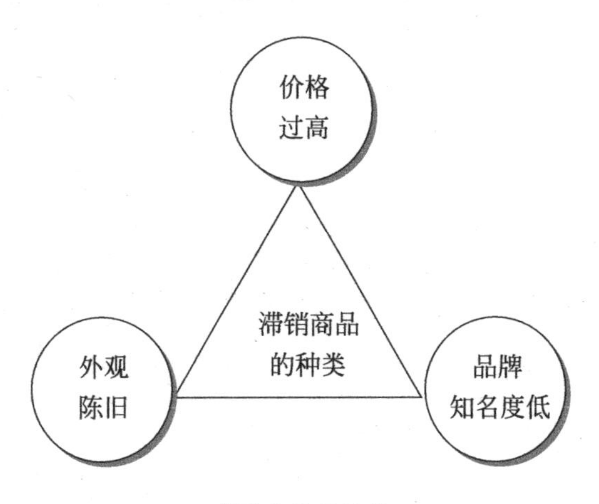


**滞销商品的种类**

确认了滞销商品以后，对其进行分析，分析其成因，并出具分析报告，然后按下图所示的办法处理。

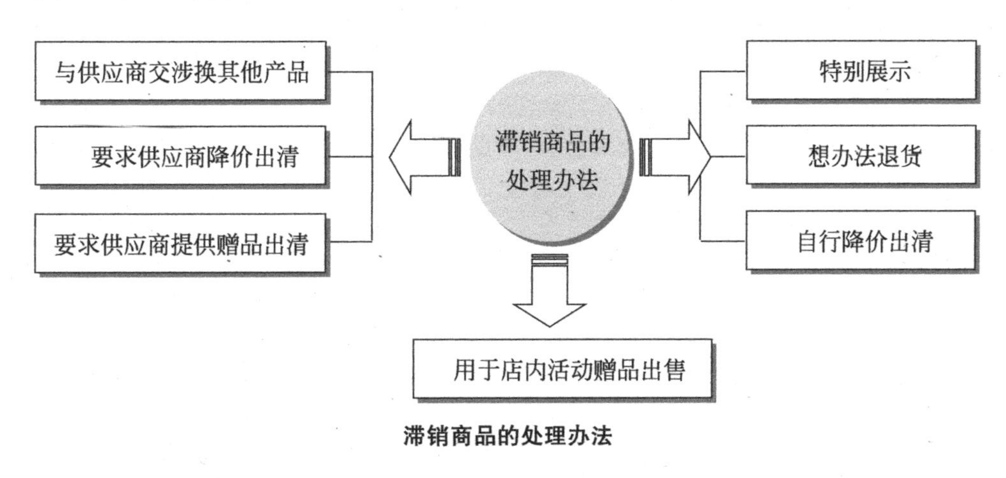


**滞销商品的处理办法**

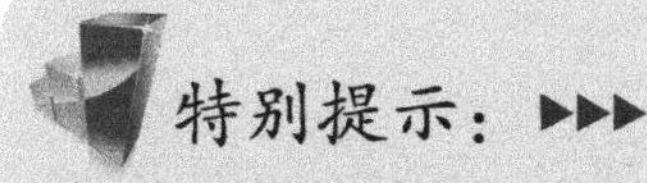

特别提示：▶▶▶

对滞销商品的每次处理都要进行记录，避免使其成为废品。

## 解答 6：如何处理缺货商品

商品缺货的种类，主要有下图所示的几种情况。

| | |
|---|---|
| 1 | 货架上的商品只有几个或少量，不够当日的销售 |
| 2 | 服装、鞋类商品的某颜色缺少或尺码断码 |
| 3 | 家电商品只有样机 |
| 4 | 广告彩页新商品未能到 |
| 5 | 目前库存不能满足下一次到货前的销售 |

**商品缺货的种类**

理货员在平时的工作中，应及时反映缺货情况，建议进行追货，对重点、主力商品应催促立即补进货源。

当重点商品缺货时，对可替代的类似商品补货充足或进行促销等措施。

一旦发现商品缺货，也可采取临时方法进行处理，具体措施如下图所示。

存货不足

临时改变商品陈列方向，采取纵向变横向的排列方法，将后面的商品暂时向前排，即将商品拿到前方，与货架的边缘平齐摆放，使陈列看起来相对丰富。这只是暂时采取的权宜之计，不可长时间采用，一旦有货就应立即恢复原来的陈列

缺货

放置暂时缺货标签，同时维持其原有排面，不允许随意挪动价签位置或拉大相邻商品的排面以遮盖缺货

**缺货商品临时处理方法**

## 解答 7：如何处理零散商品

零散商品主要指在商品销售过程中，散落于非本陈列区域的待售商品，又称

为“孤儿商品”。理货人员应随时关注责任区域的零星散货问题。

（1）当发现本陈列区域内有不属于本部门的商品时，将其从货架上收起，集中存放，并交给相关部门的同事进行处理。

（2）发现生鲜食品和冷冻食品的散货，在第一时间将其归还给相关部门同事或存放于正确的位置。

（3）应经常关注“孤儿商品”区，及时取回应属本区的商品，本部门的零星散货，必须当日回归其本来的陈列位置。

（4）生鲜部门应每日安排处理散货的当值人员。

## 解答 8：如何处理临近保质期的商品

理货员对货架上每件商品的保质期都必须进行严格把关，对于以下三种类型的商品要重点检查。

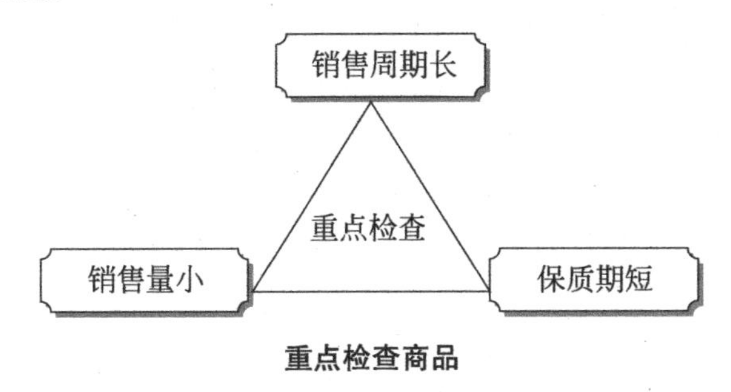


**重点检查商品**

对于临近保质期的商品，可以采取以下处理措施。

（1）要与采购部门或供应商联系，协商退货或换货。

（2）有些商品可根据情况进行降价处理。

（3）当临近保质期的商品，如果还没有售完，则应通知采购部门或供货商根据库存的多少，控制商品的订货。

（4）如果架上商品临近保质期时，可先暂时不让新货上货架陈列。

## 解答 9：如何处理过期商品

任何一种商品都有保质期，对于将要过期的商品。可与厂商协调，作降价销售；或采用试吃、现场叫卖的方式，尽快销售完毕。

对于过期商品，可与厂商协商，更换商品。厂商不可换的，要进行销毁，以免被人误食，导致食物中毒。

例如，某超市就会对过期、变质的食品，彻底“毁掉”。拿苹果来说，超市会将品质不佳的、不能再卖的苹果挑出来，放在磅秤上称重，并记录品名、条码、数量、金额等，然后将苹果彻底剁碎，用垃圾袋装好，通知保洁公司送入垃圾房，消毒后通知垃圾回收公司回收。

## 解答10：如何对商品定价

每个商品都有一个价格，顾客购买商品，其主要考虑因素就是商品定价。商场（超市）必须为所有商品确定一个合理的价格，以确保商品能够获得良好的销量。

在对商品定价时，可按下图所示的步骤来操作。

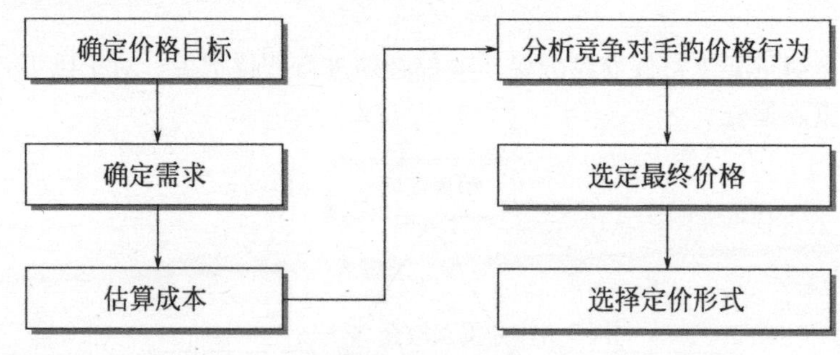


**商品定价的步骤**

**1. 确定价格目标**

商场（超市）在为商品定价时，一直要有价格目标，具体如下。

（1）维持生存。为维持生存，必须制订一个较低的价格；

（2）短期利润最大化；

（3）追求市场份额；

（4）树立产品品牌。

**2. 确定需求**

需求是指需求量与价格之间的关系，影响需求的因素如消费者偏好、消费者的个人收入、广告费、消费者对价格变化的期望以及相关商品的价格等。测定需求的基本方法是对商品实施不同的价格，观察其销售结果。

**3. 估算成本**

在估算成本时，历史成本可以作为基本的依据，同时要注意：在不同的经营规模下，平均成本会发生变化；市场资源条件的变化会影响到经营成本；经营管理越成熟，在其他条件不变的情况下，平均成本会下降。

**4. 分析竞争对手的价格行为**

分析竞争对手的价格行为主要是了解竞争对手的价格和商品质量。

（1）如果所提供的商品或服务的质量与竞争对手相似，那么所制订的价格也必须与之接近，否则就会失去市场份额。

（2）如果商品或服务的质量高于竞争对手，则定价就可以高于竞争对手。

(3) 如果商品或服务的质量不如竞争对手，就不能制订高于竞争对手的价格。

**5. 选定最终价格**

确定最终价格时，还要考虑以下三个要点。

(1) 考虑消费者的心理。

(2) 考虑既定价格政策，避免扰乱既定价格体系。

(3) 制定价格时，应考虑供货商、竞争对手、销售人员等对价格的反应，考虑政府会不会干涉和制止，是否符合有关法律规定等。

**6. 选择定价形式**

最常用的定价形式就是尾数定价，即保留价格尾数，采用零头定价，例如价格为 19.9 元而不是 20 元，使价格保留在较低一级的层次上。

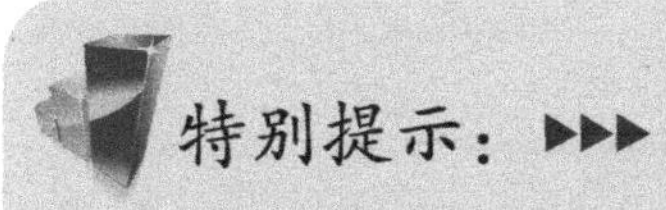


在给商品定价时要考虑到未来的降价空间。

## 解答 11：如何对商品进行降价处理

降价是商场（超市）经常开展的活动，商场（超市）必须严格做好对价格的控制工作，避免降价损害商场（超市）的利益。可按下列要求来执行。

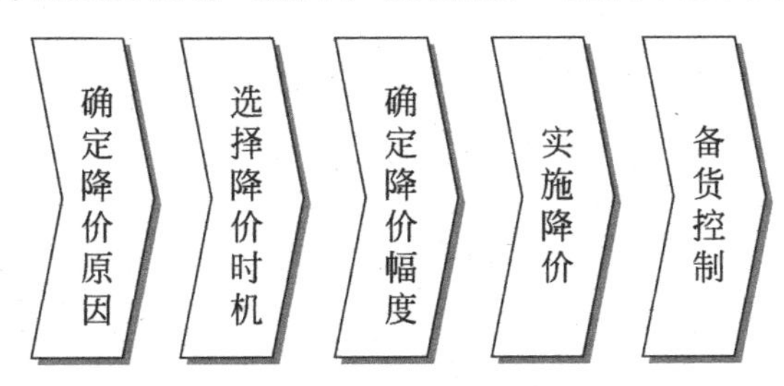


商品降价的要求

**1. 确定降价原因**

商场（超市）要实施降价，必须首先确定降价原因。

(1) 由于采购商品的差错，例如采购商品过多，无法销售。

(2) 制订价格上的差错，例如由于商品售价太高，影响到预期的商品周转速度和销售数量。

(3) 促销上的差错，例如广告活动、销售活动未能取得预期效果，商品卖不动。

**2. 选择降价时机**

降价时机的选择是非常重要的。选择降价的时机，具体要求如下图所示。

早降价

有较高存货周转率的商场（超市）一般都会采用早降价策略，这样可以在还有一定市场需求的情况下顺利地将商品售出

迟降价

季节性商品在季末的时候打折出售虽然会亏本，但收回的货款可以投资到其他商品上，再创销售机会，比商品积压要好得多

交错降价

交错降价就是在销路好的整个季节期间将价格逐步降低。这种方式往往和“自动降价计划”结合运用。在自动降价计划中，降价的幅度和时机选择是由商品库存时间的长短所制约的

降价时机的选择

**3. 确定降价幅度**

确定商品的降价幅度时，应以商品的需求弹性为依据。需求弹性大的商品只要有较小的降价幅度就可以使商品销量大增；需求弹性小的商品则需要较大的调价幅度才会扩大销售量。

**4. 实施降价**

具体实施降价时，应当考虑以下因素。

（1）调价时，应考虑消费者的反应。因为调整商品的价格是为了促使消费者购买商品，只有根据消费者的反应调价才能收到好的效果。

（2）对降价的过程做好记录。

**5. 备货控制**

实施降价时，必须对降价做出估计并修改最近各期的进货计划，为降价工作提前准备好充足的货源。

特别提示：▶▶▶

与在销路好的季节后期降价相比较，实行早降价的策略只需要较小的降价幅度就可以把商品售出。早降价可以为新商品腾出销售空间，可以改善现金流动状况。

## 解答 12：如何对商品进价做上调处理

当供应商生产成本、运营成本上升时，为了保证必要的利润，就会要求商场

（超市）上调进价。商场（超市）应酌情上调。

商品进价上调流程如下图所示。

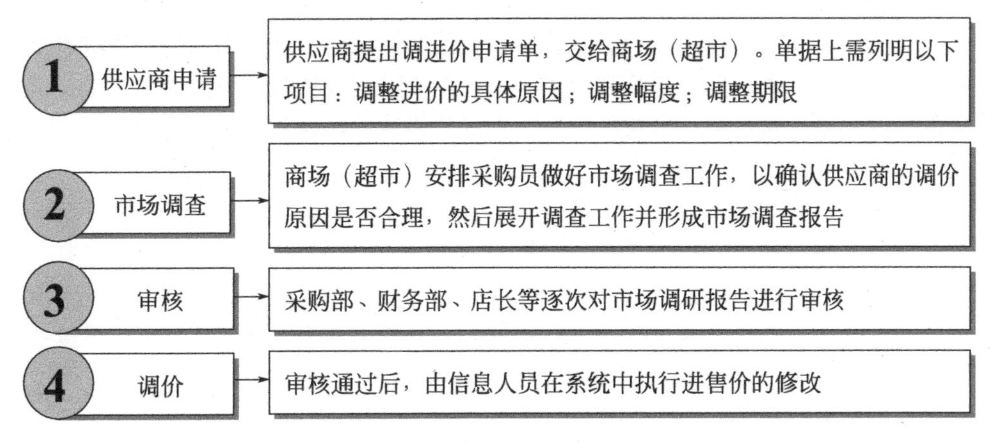


商品进价上调流程

## 解答 13：如何对商品进价做下调处理

供应商为了扩大商品销量，提高市场占有率，可能会要求商场（超市）下调进价，而商场（超市）为了减少订货金额，也会要求下调进价。

对商品进价做下调处理，一般按下图所示的三个阶段执行。

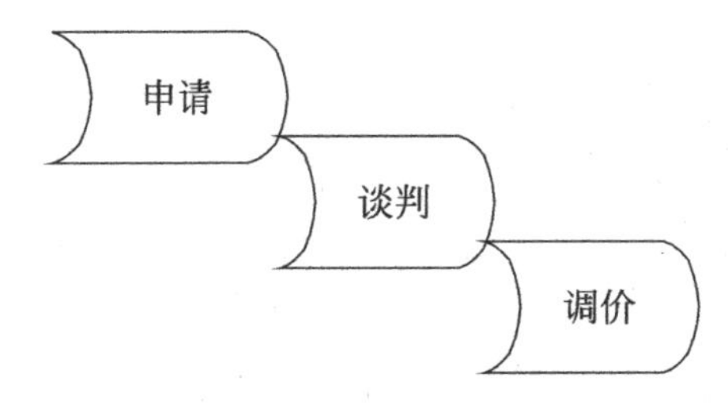


商品进价下调的三个处理阶段

**1. 申请**

无论是由供应商提出，还是由商场（超市）提出，都应当提前通知对方，并列明进价下调的原因、幅度等。

**2. 谈判**

无论谁提出申请，都需要进行谈判，谈判主题包括降价原因、降价幅度、降价的有效期限。

商场（超市）的谈判人员必须由采购部组织，并获得店长调价授权。

**3. 调价**

双方谈判达成一致后，即可由商场（超市）进行调价，下次订货按新价格进行订购。

## 解答14：如何更换商品的价格标签

一般来说，商场（超市）会定期开展全面促销活动，活动周期为一周或半个月，活动期间，许多促销商品都由原来的正常价格变成特价，而活动结束后，又会由特价回到正常价格，这就需要员工做好价格签的更换工作。

**1. 明确价格生效日期**

更换价格签之前，要让员工明确价格生效日期。

例如商场（超市）在4月15日至22日开展促销活动，有100款商品打特价，特价生效日期为15日，为了使顾客在15日能够买到特价商品，商场（超市）应当提前，也就是在14日闭店以后或15日早上正式营业前做好对价格签的更换工作。

**2. 确认更换商品**

正式更换价格签之前，应当先确认需更换价格签的商品，这可以通过阅读最新的促销海报来实现。

**3. 打印价格签**

确认更换商品后，核对条形码，用价格签打印机打印出最新的价格签。

**4. 更换**

用新价格签更换旧价格签，并将旧价格签集中收集起来。新价格签要摆放规范，与商品一一对应。

**5. 处理**

对集中收集的旧价格签一般要予以销毁，不再留存。

下面提供一份××超市卖场价格管理的经典范本，供读者参考。

---

### 【经典范本】××超市卖场价格管理 ▶▶▶

**××超市卖场价格管理**

**一、价格标示**

1. 陈列在货架、冷柜、堆头、N架等陈列架上的每个商品都必须有商品的价格标示。

2. 价格牌的放置：价格牌放置在商品的第一个陈列面的左下角。

3. 悬挂POP和三角牌必须放置规范和整齐，书写清晰、不得涂改，同时要双面标示。

4. 标示牌必须标注有商品名称、规格、容量、销售单位、价格，如属于短时特价促销和处理的商品，必须标注商品的原零售价和现特价，及特价促销的期限。

**二、价格定位和调整**

1. 定位和调整由采购部确认，电脑部输入调价和打印价格牌，企划部写特价牌和 POP，营运部执行价格标示和调整。

2. 部针对商品开发及时做好市场调查，合理的给商品定价。针对商品价格不合理的商品及时给予调价。

3. 部协助好采购部做好市场价格调查工作，针对商品价格不合理的商品及时给予调价申请，采购部根据实际情况及时做好调价工作。

**三、价格标示牌管理**

1. 价格标示牌以商品小小类为单位区域管理，销售完的商品价格牌必须撤下（或挂出缺货告示牌遮盖），以单位区域集中保存放置，不得丢失。

2. 调价（永久性调价），价格调整后电脑部打印调价单和价格牌，同时做好登记；交营运部（主管人员）执行价格牌更换工作，原价格牌当即撕毁，不做保留。

3. 调价（如快讯期间、厂家促销、内部特价、商品处理等短时性调价，过后会调回原价），价格调整后电脑部打印调价单，做好登记交营运部（主管人员），营运部交企划部书写特价牌和 POP 后（企划部必须及时给予配合），执行价格牌更换工作；原价格牌不能丢失做好保存，调回原价后用原价格牌标示价格。

4. 商品入库时，电脑部第一时间做好资料输入工作，同时打印价格牌交营运部。

5. 调整采购部每天 10：00 发出调价通知，电脑部 12：00～14：00 调价输入，输入审核执行后立即打印调价单和价格牌交营运部（营运部主管）立即执行价格牌更换。

6.“正常调价”和“短时调价”必须分开单据执行调价，同时单据要注明正常调价单和短时调价单。

7. 营运部每天 10：00 前将没有价格牌或残旧价格牌的商品资料集中交电脑部打印价格牌。

**四、营业员每天必须做到以下要求**

1. 定时检查当区所有的商品是否有价格牌，登记好没价格牌的商品，及时上交管理人员。

2. 缺货商品价格牌不能乱丢乱放，必须集中收好以便到货时使用（正常调价商品原价格牌当即撕毁，不做保留）。

3. 价格牌字体模糊、破损的必须及时上报，更换价格牌。

4. 缺货商品，商品来货时必须要检查是否有旧价格牌，同时检查旧价格牌是否正确。

5. 所有新商品必须有价格表示后方可上货架，并请示管理人员该商品陈列位置及陈列方法，同时放置（新商品上市标示牌）。

6. 价格牌必须摆放在商品的左下角与商品对齐。价格牌条码必须与商品条码相符，如商品条码更换价格可建议打印新的价格牌。

7. 各区域员工注意跟踪特价商品的价格是否与电脑价相同（特别是快讯期间），如有差异，把价格牌或POP上交管理员并告知情况。

8. 调价时必须注意多位陈列商品（同一个商品货架、堆头、N架、冷柜等其他陈列架都有摆放的商品）的价格标示牌更换，必须同步完成。

9. 所有旧POP广告纸必须交给管理员转到企划部美工处。

**五、管理处罚**

1. 价格定价错误产生负毛利，造成的损失由定价员承担损失差价赔偿。

2. 价格牌、POP放置不规范，或价格标示牌空缺3%以上每次处罚10元，5%以上每次处罚20元，10%以上每次处罚50元（以小区为单位）。

3. 价格标示牌或打价格错误和价格标示牌放置错误产生的差价，由当区责任员工承担责任。

4. 调价未打印调价通知单和价格牌由电脑部承担责任，未换价格牌按情况由部门管理人员和责任员工承担差价赔偿和处罚。

5. 收银部必须第一时间反映顾客价格投诉问题，并做好登记，收款时给顾客解释，如顾客不接受，按标示的价格给顾客收款。产生的差价由责任人员承担，同时根据情况给予处罚。

6. 服装部按以上流程执行，生鲜部按实际情况执行。

7. 如未按以上规定执行，造成价格问题由责任部门和员工承担赔偿责任并处罚。

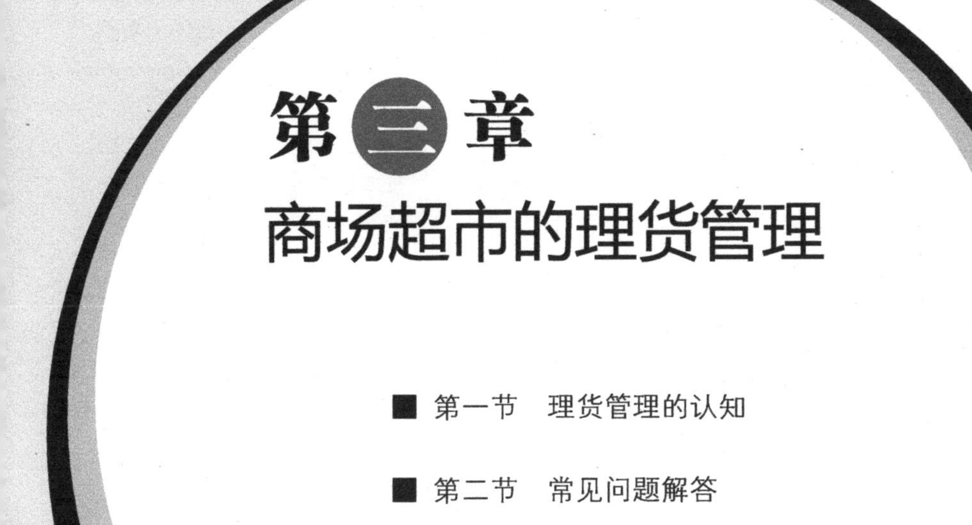

# 第三章 商场超市的理货管理

# 第一节 理货管理的认知

## 认知1：理货管理在商场超市经营中的目的

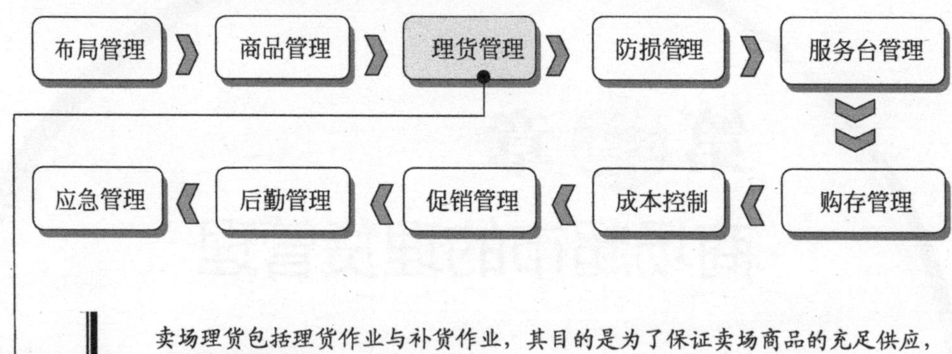


卖场理货包括理货作业与补货作业，其目的是为了保证卖场商品的充足供应，保证通道的畅通无阻。一个排放整齐有序的卖场有利于吸引顾客，促进销售。

## 认知2：商场超市经营中理货的定义和基本方法

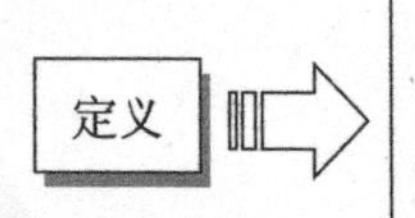


成功的理货，是指能够刺激消费需求，促进购买，从而提升零售量的一种终端行为。它属于一种无形的销售，如占据黄金位置，则能有效提升50%的销售；占据公平的柜台空间，可有效提升20%的销售量；张贴大量的POP，能起到“造市”的效果，可有效提升25%的销售量

方法

(1) 集中陈列理货法
(2) 特殊陈列理货法

备注：

(1) 集中陈列理货法是卖场陈列理货法中最常用和使用范围最广的方法。它是指在理货时，把同一种商品集中陈列于一个地方。这种方法最适合周转快的商品。

(2) 在卖场中，整理货物时按其类别采用集中式整理是最基本的理货方法，它构成了卖场陈列卖场理货的基础。而特殊陈列法是以集中陈列为基础的变化性的理货方法。

## 认知3：理货的作业要求

商场（超市）进行理货作业的要求如下图所示。

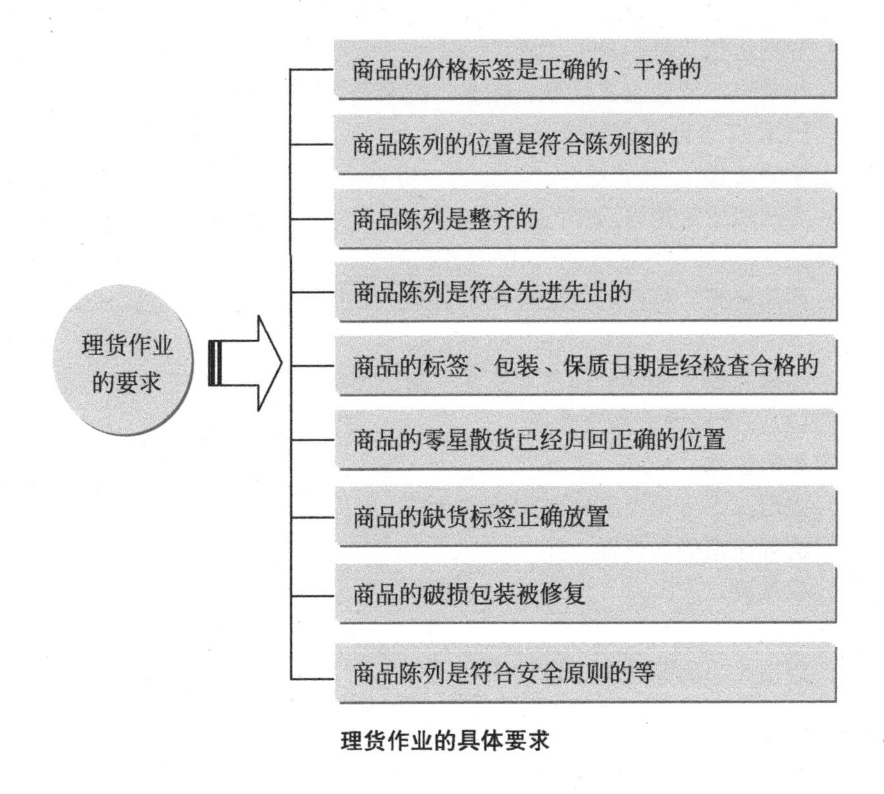


理货作业的具体要求

# 第二节 常见问题解答

## 解答1：如何做好理货员的日常管理工作

商场（超市）中的理货员看似工作较简单、普通，但他们是与顾客接触最直接的人。他们的一举一动、一言一行无不体现着商场（超市）的整体服务质量和服务水平，他们素质的好与差，将直接影响到公司的生意和声誉，所以做好理货员的管理非常重要。

**1. 开店前的准备工作**

（1）参加早会。

（2）执行上级传达的指示精神及当天的工作安排。

（3）清洁货架及背板（请先将商品取下）。

（4）依陈列整理并清洁每一件商品。

（5）将货架及端架完全补满。

**2. 开店前15分钟的工作**

（1）清理通道上所有空纸箱，栈板及垃圾。

（2）各种运货工具归位。

（3）与领班一同检查卖场堆、端头、货架是否补满、整理清洁。

（4）POP广告价格牌的检查。

**3. 上午的工作**

（1）为迎接中午销售高峰的到来，对卖场进行维护管理，以保持商品的丰富感和鲜度。

（2）商品补充：将新的商品补充到货架上以保持商品的丰富感，这种工作随时进行。

（3）整理卖场：相同的商品堆放在一起；损坏退货商品集中堆放一处；整理器材（归位）；保持通道清洁畅通。

**4. 下午的工作**

（1）整理在中午销售高峰时变化的卖场。

（2）清理通道确保畅通。

（3）交接班。

（4）商品补充。

**5. 闭店前1小时需做的工作**

（1）巡视卖场并补满货架及端头。

（2）物品及器材归位。

（3）对自管库及时整理，以便第二天的工作。

（4）清洁卫生。

（5）将文件放好，保持干净整洁。

**6. 营业结束后的工作**

（1）对部门排面和堆、端头进行检查，作集中补货。

（2）弃货商品的收集。

（3）将卖场内需要冷藏的商品收纳入冷藏库内。

（4）对部门贵重商品进行日盘。

（5）第二天工作的准备。

## 解答2：如何做好卖场的理货管理工作

理货是理货员的主要工作。理货员应当积极做好理货工作，以维持货架丰满、陈列整齐，为顾客创造良好的购物氛围。

卖场理货流程如下所示。

**1. 确定理货时机**

（1）当货架上商品凌乱时须理货。

（2）补货完成时，进行理货工作。

（3）每日销售高峰期之前和之后，须有一次比较全面的理货。

**2. 明确理货次序**

（1）理货区域的先后次序是：端架→堆头→货架。

（2）理货商品的先后次序是：海报商品→主力商品→易混乱商品→一般商品。

**3. 理货操作**

（1）理货时，须检查商品包装（尤其是复合包装）、条形码是否完好，缺条形码则迅速补贴，包装破损要重新包装。

（2）理货时，必须将不同货号的货物分开，并与其价格标签的位置一一对应。

（3）理货时，每一个商品有其固定的陈列位置，不能随意更动排面。

**4. 检查**

理货结束后，要对理货效果进行检查，发现不合理之处要及时调整。

## 解答3：如何做好卖场白天补货管理工作

补货是指将标好价格的商品，依照商品各自既定的陈列位置，定时不定时地将商品补充到货架上去的作业。定时补货是指在非营业高峰时补货；不定时补货是指只要货架上的商品即将售完就补货，以免因缺货而影响销售。

白天补货的流程如下图所示。

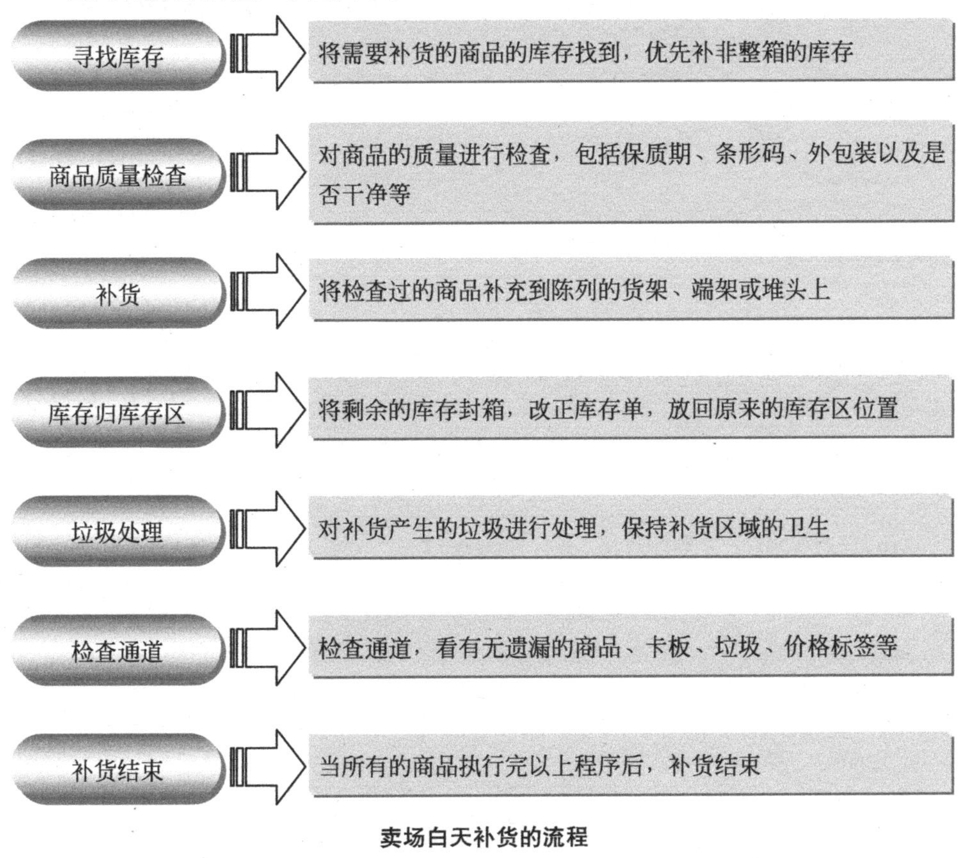


**卖场白天补货的流程**

## 解答4：如何做好卖场夜间补货管理工作

丰富的商品、充足的库存是保证商品销售，满足顾客需求、实现经营目标的重要前提。但是白天由于客流量大等多方面的原因，导致需要在夜间进行补货。夜间补货的流程如下图所示。

|  |  |
| --- | --- |
| 确定补货品项 | 仔细检查端架、堆头、货架上需要补货的商品，确定具体品项，将需要夜间补货的商品做记录 |
| 填写补货单 | 填写补货单，列明补货商品的货号、陈列位置、库存位置以及补货的要求等 |
| 依单找库存 | 夜班补货的同事按单子找到库存，并将货物拉至相应的通道 |
| 质量检查 | 对商品的质量进行检查，包括保质期、条形码、外包装以及是否干净等 |
| 补货 | 将检查过的商品补充到陈列的货架、端架或堆头上 |
| 库存归位 | 将剩余的库存封箱，改正库存单，放回原来的库存区位置 |
| 处理垃圾 | 对补货产生的垃圾进行处理，保持补货区域的卫生 |
| 检查补货 | 检查是否所有的商品均已经进行了补货 |
| 检查通道 | 检查通道，看有无遗漏的商品、卡板、垃圾、价格标签等 |
| 检查价格 | 检查所有补货商品的价格标签是否正确 |
| 补货结束 | 当所有的商品执行完以上程序后，补货结束 |

夜间补货的流程

## 解答 5：如何处理破损商品

卖场内，由于各种原因，会产生一些破损商品，例如顾客选购商品时不小心撕破包装、堆头陈列的商品倒在地上，导致被砸坏等。理货员应当及时整理破损商品，维持销售工作的顺利开展。

理货员要经常在现场走动、巡逻，以便及时发现破损的商品。当发现了破损的商品之后，要判断该商品的破损程度，并做如下图所示的处理。

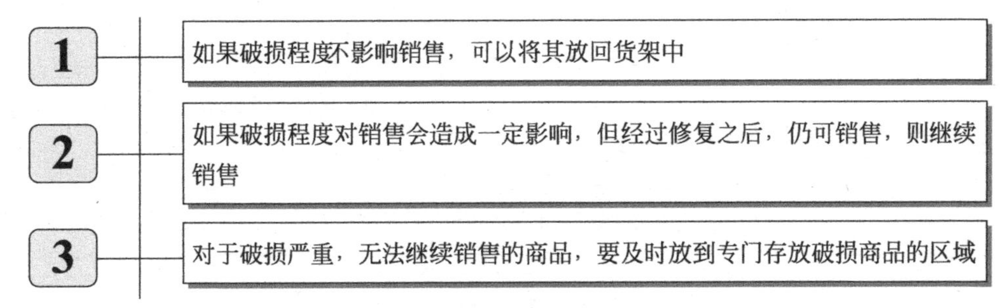


破损商品的处理方法

**特别提示：**

要及时对破损商品进行登记，以便明确了解其数量。对于可以退货的商品，应与供应商协商做好退货安排工作。

## 解答 6：如何做好商品的日常陈列管理工作

商品的日常陈列很大程度上决定了商品的最终销售成果，因此，商场（超市）理货员必须按照理货员作业规范、商品陈列规范等标准文件的要求严格做好陈列工作，为提高商品销售提供保障。

商品陈列需满足如下图所示的要求。

丰满

如果柜台、货架上商品琳琅满目，非常丰富，容易激发顾客的购物热情

展示商品的美

商场（超市）在商品陈列上总是尽可能充分地展示商品的美，包括内在美与外在美

3 营造特有气氛

商品陈列的第三个基本要求是通过对商品颇具匠心的组合排列，营造出一种或温馨、或明快、或浪漫的特有气氛

商品陈列的要求

## 解答7：如何做好商品的端架陈列

端架是摆放商品的重要区域，通过端架陈列来销售商品是一种很常见的方式。端架陈列的商品容易发生混乱，因此，陈列人员在陈列时要特别留意。实施端架陈列应按下图所示的要求进行。

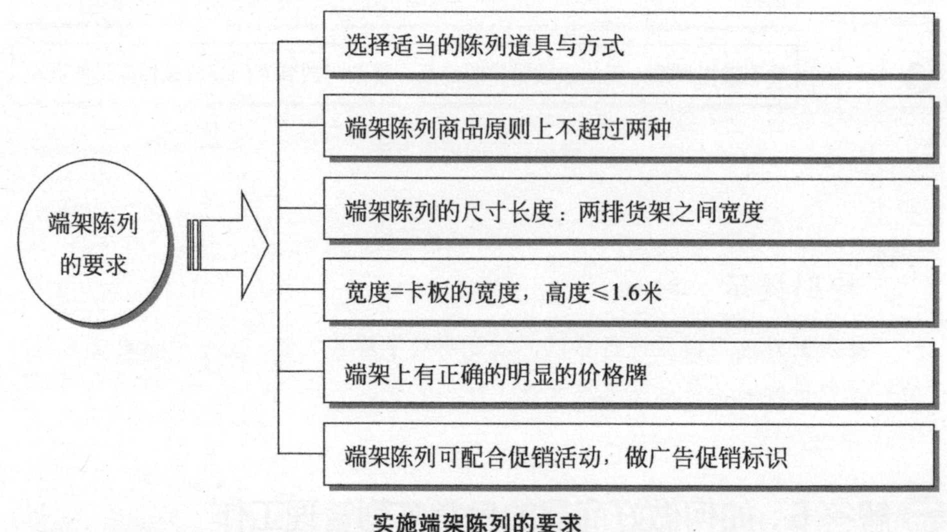


实施端架陈列的要求

特别提示：▶▶▶

要定期对端架的陈列现状进行调整，使其处于最合适的状态。

## 解答8：如何做好商品的堆头陈列

堆头是指商场（超市）中商品单独或集中陈列所形成的商品陈列方式，有时是一个品牌产品单独陈列，有时会是几个品牌的组合堆头。通过堆头陈列可以形成一种供货充足的感觉，使顾客能够放心购买。

商场超市内的商品堆头无疑成为发挥展示形象作用、促进商品销量的一大利器。商场超市的“堆头”在突出商品品牌形象的同时，而且还能尽可能地吸引消费者的“眼球”。因此，如何高效打造“黄金堆头”，实现强势动销成为商场超市关注的重点。好的堆头陈列必须要注意位置、形状、信息传递三大要素，只有这样才能够物有所值。

**1. 堆头位置“巧”选择**

要选好堆头位置最需要抓好“六大关键点”：收银台前通道促销位置；卖场动线交汇点堆头位置；卖场酒水饮料区端架堆头位置；卖场入口右面第一个堆头位置；卖场酒水饮料区通道两头的堆头位置；卖场入口正面主通道前几个堆头位置。

**2. 堆头形状、装饰“好”设计**

一般来说，无论是哪种堆头形状，必须保证消费者可以从三四个方向同时能取货。堆头是由底台、天头组成。大部分商超的底台采用木质箱架或者标准堆头柜，也可以做堆箱。如果促销礼品比较有吸引力，不会有安全隐患也可悬挂。

促销活动装饰物必须醒目、鲜明易懂，且意义表达直观；效果色彩要鲜明，要具有视觉冲击力，并且有助于营造活动氛围。

**特别提示：▶▶▶**

如果堆头周围比较宽阔，堆头下方边缘可以制作地贴以增加视觉冲击。另外，对于位置比较偏僻的堆头位置，也可以从超市入口处开始贴带有促销信息的地贴，指引消费者到达堆头的位置。

**3. 促销信息“强”传播**

在实际操作中，有一些信息一定要明确的传递出去。

（1）价格要标识清楚。必须清楚标明“品牌”、“包装”、“原价格”、“新价格”及“特价”等促销信息内容，并确保店内货架与堆头促销价格一致。

（2）活动牌必须写明活动名称、促销礼品或者品牌名、品名、原价、促销价。

（3）买赠促销必须将赠品与产品用透明胶带捆绑，并且横向间隔陈列，让顾客同时看见产品和赠品，卖场统一发放赠品时，最少要捆绑一个样品展示给消费者。

（4）带包装的赠品应该最少拿出一个，打开包装，将赠品悬挂或放在堆头顶部，使消费者一目了然。

（5）瓶盒分离陈列。在产品堆放好之后，拆除一些包装，作为瓶型陈列。在堆头上进行瓶型陈列，能提高视觉冲击力，增加消费者的购买欲望。

（6）严禁破旧包装上堆头陈列。

**特别提示：▶▶▶**

促销价（或者省钱额度）必须醒目，大小为原价等文字的3倍以上，不小于店内其他特价信息文字。直接写出特价的数字比写出折扣数更有吸引力。

## 解答9：如何做好商品的季节性陈列

冬去春来，寒暑更替，一年四季的变化循环往复。随着季节的变化，人们吃穿用的商品也相应变化。在出售商品时，应按季节的变化随时调整商品的陈列。

季节性商品的陈列应在季前开始，应了解顾客的潜在需要，根据季节的变化来改变商品的陈列，否则将丧失适时销售的良机。具体要求如下表所示。

**商品季节性陈列要求**

| 季节 | 陈列要求 |
| --- | --- |
| 春季陈列 | 在尚未花开的早春时节，应走在季节变换的前头，及时将适合春季销售的商品，如时装、鞋帽等早早摆上柜台，将冬季商品撤换掉。春季商品陈列时，可以以绿色为主调，透出一股春天的气息 |
| 夏季陈列 | 夏季商品陈列时，应注意如下事项：<br>(1)一般提前在每年4～5月份里，将夏季商品摆出来<br>(2)夏季气候炎热，陈列商品的背景可选用蓝、紫、白等冷色调为主<br>(3)夏季商品陈列要考虑通风，最好将商品挂起来<br>(4)夏季是饮料消费的高峰期，要特别注意布置冷饮类商品的陈列<br>(5)夏季商品陈列的位置可以向外发展，在门厅或门前处较适宜 |
| 秋季陈列 | (1)秋季商品应该在9月份开始陈列，夏天的时装以及夏凉用品都应撤下，摆上适合秋季消费的商品。这时陈列与售货位置应从室外移向室内<br>(2)秋天天气爽朗，是收获的季节，商品陈列应以秋天的色调、景物作为背景，衬托出商品的用途 |
| 冬季陈列 | 冬天天寒地冻，布置要使顾客感到温暖，背景最好以暖色调的红、粉、黄为主，突出应季商品的特色 |

## 解答10：如何对商品陈列进行检查

无论是哪种陈列方式，理货人员都应当进行陈列检查，以及时纠正错误或不规范的现象，使陈列恢复整齐。

实施检查时应检查以下重点内容。

（1）价格签的价格是否明白。
（2）商品是否覆盖着灰尘。
（3）商品是否附上说明。
（4）有无破损、污染的商品。
（5）有无缺货、数量少的商品。
（6）能否有季节感、体积感的展出。
（7）陈列中有无压迫力。
（8）能否做用途、关联的陈列。
（9）能否遵守陈列场所、位置。

## 解答 11：如何陈列商品以提高销量

商品陈列其实就是一种生产力。顾客在没有进店来之前，其实就是因为看到了商品的良好陈列而被吸引，从而愿意留在店里看看商品，直到最后成交。既然商品陈列的影响力这么大，那应该如何做好商品陈列，进而提高商品销量呢？遵循下图所示的四个原则，将有助于提高商品的销量。

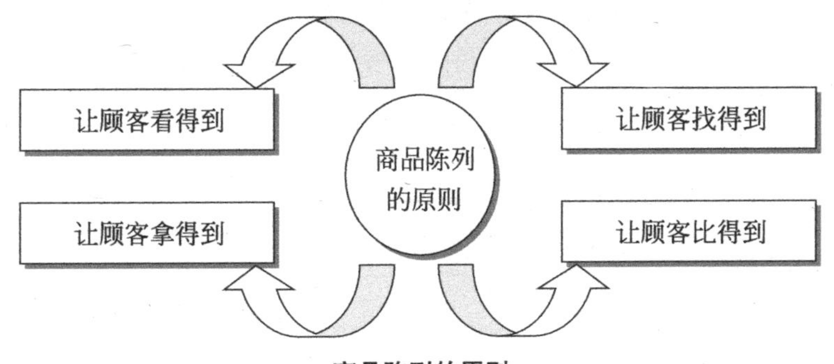


**商品陈列的原则**

**1. 让人看得到**

既然要保证让人看得到，那么第一要素就是商品陈列一定要足够吸引人，起到让消费者眼前一亮的感觉，在众里寻他千百度的状态下，发现原来商品就在这里，或者是很容易被商品所吸引。因此就必须要保证商品陈列非常的生动，并通过产品的活灵活现，良好的陈列氛围，引人注目，刺激消费者，进而让消费者愿意留下来，在店里多停留一段时间，当然促成交易的机会也就更大了。

比如，可制作漂亮的价格标签；可以悬挂气球营造气氛；可以打开灯箱进行重点照明，让产品高低陈列错落有致，保证产品陈列的立体化效果等。

**2. 让人找得到**

消费者来到店里，也被商品所吸引，留下来后要保证消费者能够很快找到自己想要的产品，首先一定要保证商品的齐全，全品类展示陈列，呈现在消费者面前的商品陈列一定是丰满、齐全的，因此要杜绝店内有任何陈列的空位出现；其二为了更好地让消费者容易找到自己心仪的商品，商品的陈列一定要分门别类进行规范陈列。

比如，分不同的使用环境陈列（客厅、卧室、厨房、卫生间、阳台等）、分不同的系列陈列（古典、现代、欧式、田园等）、分不同的色系陈列（蓝色、橙色、红色、银白等）、分不同的位置陈列（天花、墙面、中岛、展柜等），这些方式都可以很好地帮助让消费者快速而有效地找到产品。

特别提示：▶▶▶

为了杜绝陈列空位的出现，即使重复出样，重复陈列，也不要给消费者留下缺货的印象。

**3. 让人拿得到**

消费者购物除了要看得到产品以外，还需要能够伸手就可以拿到，这样可以让消费者自己能够有机会真实地去体验，当你打开一盏灯给消费者看（表面感受）和消费者自己打开一盏灯（亲身体会）的感觉是完全不同的。所以当我们的产品陈列能够给消费者提供更多自己拿得到、触摸到的机会时，消费者的体会就会更多，感受也就越真切，这样非常有利于消除消费者自己的很多不明之处。

特别提示：▶▶▶

三个重点位置的商品陈列：与眼睛的同水平线、与胸的同水平线、与腰的同水平线，这些都是很方便消费者看到商品或者拿到商品的位置线。

**4. 让人比得到**

通常的销售过程中，消费者往往都会存在这样或者那样的异议，特别是来自商品方面的异议，更是占了相当的比例，也是销售过程中较为头疼的一件事情。如何减少甚至彻底解决消费者在产品方面的异议，就商品陈列而言，一定要提供让消费者可以对比的陈列环境。

比如，灯具对比陈列区、光源对比陈列区、镜前灯对比陈列区、护眼灯对比陈列区、产品图文对比说明区等。

真正提供给消费者可以与不同品牌或不同价位商品的对比陈列，这样商品的品质好坏，价格高低自然一比较商品便知，这样就可以让消费者对商品有了非常清楚的认识。

下面提供一份××超市门店散装商品的陈列标准，供读者参考。

## 【经典范本】××超市门店商品陈列标准 ▶▶▶

### ××超市门店商品陈列标准

**一、目的**

为规范门店商品布局及陈列，保证货架陈列整齐美观，为顾客提供良好的服务，特制订本标准。

**二、适用范围**

本规范适用于××超市门店日常商品陈列管理工作。

**三、商品陈列概念**

陈列就是利用货架资源及陈列道具，通过有序的商品分类摆放及合理、美观、有变化的商品排列，有效提升商品的销售和利润。商品陈列是我们优质服务的载体，并直接影响到销售业绩。

**四、商品陈列原则（略）**

**五、门店商品陈列布局**

1. 为方便日常管理以及顾客选购商品，门店应按商品的小分类划分陈列位置，并按顾客消费习惯把相关联的类别集中分区域陈列，一般分为以下区域。

（1）烟酒。

（2）冻品（低温肉制品、冷冻面点、奶制品、雪糕等）。

（3）基本食品（油、米面及制品、酱料、调味品等）。

（4）休闲食品（糖果、饼干、小食等）。

（5）早餐食品（饮品、面包、麦片、咖啡、乳制品等）。

（6）个人卫生用品（洗发水、沐浴露、纸品等）。

（7）家居清洁用品（洗衣粉、洗洁精、杀虫水等）。

（8）家杂用品（煮食用品、杯、盆、碗、筷、桶等）。

（9）生鲜食品（蔬果、鲜肉、熟食等）。

2. 品类管理商品摆放位置及陈列面位，应根据品类小组下发的商品陈列图来摆放。

3. 货架定位摆放，商品严格按卖场布局设计执行，不得任意移动或调整。

4. 门店商品陈列布局调整，需以书面形式报区域督导员或中心店长签核，门店不得自行更改品类小组确认之商品陈列布局。

**六、商品陈列的一般要求**

1. 商品应按电脑牌名称、面向陈列数目对牌摆放上架。

2. 商品前沿应摆放至层板边齐平。

3. 上架商品必须保持整齐清洁，正面面向顾客。

4. 小分类商品集中陈列，并以垂直方式摆放。

5. 销量越多的商品，摆放位置应越大，销量越少摆放位置可适当缩减。

6. 补货上架时应留意商品之有效期并注意“翻底”，做到先进先出。

7. 上架剩余之散货可摆在相邻商品之后或后备仓，不得越位摆放。

8. 如果遇缺货应挂缺货牌，并将相邻的商品补充面向以保证货架的丰满度。

**七、特价商品陈列要求**

1. 需要扩大陈列的特价商品可用端架、地堆扩大陈列，配上相应的特价标识，而原来的陈列位不变。

2. 在特价期前应注意备足特价品的货量。

3. 在不影响通道的原则下，有目的地组织特价品堆头、展台陈列，以扩大特价品对顾客的吸引效果。

**八、节日及季节性商品陈列要求**

1. 重大节日商品陈列应与同期的推广宣传活动相互配合。

2. 节日商品陈列不一定过于集中，分散陈列更能增添节日气氛以及带动其他商品的销售。

3. 季节性商品可集中端架、堆头、展台或笼车陈列。

**九、新到商品的陈列要求**

1. 收到新品后应按新品小分类摆放区域调整适当位置上架，并补上货牌。

2. 贴上有公司统一分发的店长推荐牌以作吸引。

**十、货架商品的整理要求**

1. 根据货架上所定位置、面向数目将商品面向向外整齐排列，并尽量将商品拉至层板边齐平，以保持良好的视觉效果。

2. 整理过程中注意检查商品的有效期及商品的标价是否准确，要将有效期短的商品摆到外面，有效期长的放到里面。检查不够丰满和缺货的商品是否已补货。

3. 商品整理时要沿着货架层板每一种商品依次进行，按从左至右，从上到下的原则，每天要求最少整理两次。

4. 搞好货架及商品的卫生，同时检查定牌定位情况。

**十一、门店商品陈列安全注意事项**

1. 高值商品要陈列在视线可以触及的地方。

(1) 体积较大、较重的商品应陈列在货架的下方。

(2) 易碎商品不宜做堆头陈列，并应采取保护措施。

(3) 货架边保持干爽、清洁，无水渍，无障碍物。

2. 撤去非安全性商品。

(1) 撤去破损、生锈、渗漏商品。

(2) 撤去超过保质期限的商品。

(3) 撤去质量恶化的商品。

(4) 撤去“三无”商品。

# 第四章 商场超市的防损管理

# 第一节　防损管理的认知

## 认知1：防损管理在商场超市经营中的重要性

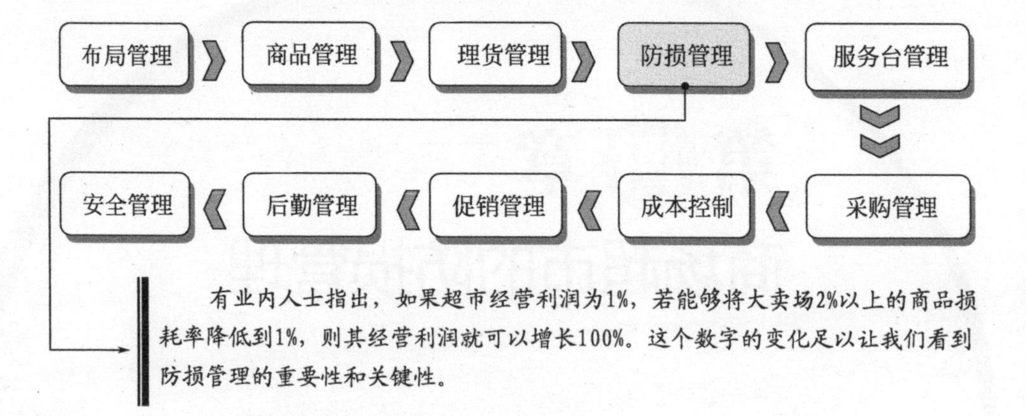


## 认知2：商场超市经营中损耗的定义和形成原因

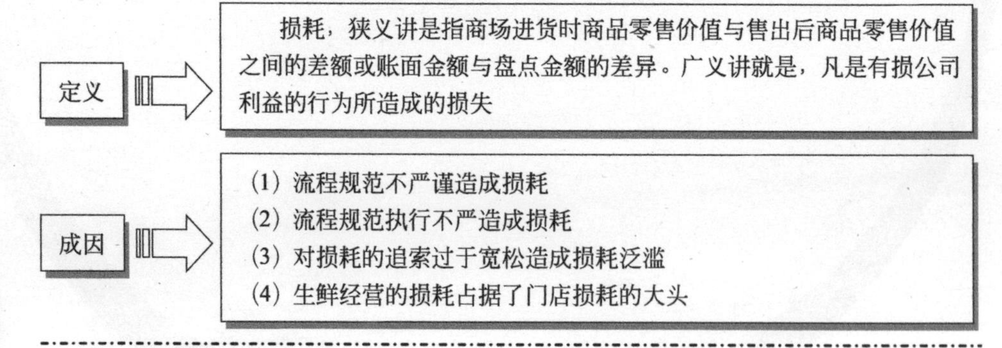


备注：

(1) 流程规范不严谨，该有人把关的地方无人把关，该反馈的信息无人反馈，等到最后问题大了才来追索责任，已经迟了。

(2) 企业虽然有流程规范，但并没有按照这些要求去做，文件里规定的是一套，实际在做的又是另一套，这样自然会造成损耗。

(3) 有的门店每月才给生鲜做一次盘点，平常即便是简单的盘点也无人去追索，这样小问题便无从发现，等到一切都演变成大问题了，即便发现了又难以解决，这是不少的门店损耗大的关键原因之所在。

(4) 生鲜不同于食品和非食品，它的保质期非常短，而且操作环节很复杂，稍有不慎，便会有大量的损耗产生，因此门店如何控制好生鲜的损耗非常关键，生鲜损耗控制住了，门店的综合性损耗自然而然就降下来了。

## 认知3：商场（超市）防损措施

在超市行业发展的黄金期，丰厚的利润掩盖了商品损耗造成的损失。然而，在超市行业利润下降的今天，控制损耗需要引起超市经营者的重视。

在损耗管理方面，商场（超市）应该着手做好如下图所示的方面，以提升管理水平。

1. 提升损耗管理者的素质技能，对损耗管理团队重新定义，将损耗管理团队由防损“保安”的角色转变为防损“控制”的 角色，强调防损团队的综合管控能力，尤其对商场商品流的管控能力
2. 改变过去岗位监督的工作方式，开创以核查为主的工作模式，强调对数据的掌握的分析能力，并通过对数据的分析发现损耗漏洞，有针对性的进行核查、管控
3. 关注超市各个运作环节，发现易产生损耗的漏洞，制订关键性程序进行约束控制，并强调防损部门对流程的执行监督职能
4. 强调防损团队的小而精，形成一个具备较高数据分析和核查管控能力的损耗管理团队
5. 针对中小型超市的现状，防损工作不应该抓得太紧，过于严苛。而应灵活工作，以实际发现问题，制订针对性的解决策略为主，通过对漏洞的发现逐渐完善超市管理各项流程制度，强调执行和既定程序的持久推动
6. 主管部门重视防损工作，尤其重视防损部门工作的独立性，制约只会降低防损部门的工作效率，影响损耗控制效果

商场（超市）防损措施

# 第二节　常见问题解答

## 解答1：如何做好员工出入口的监控

员工出入口是员工进入和离开商场（超市）的专门区域。为了避免有些员工

将商品私自带出商场（超市），商场（超市）应加强对员工出入口的管理。

**1. 人员安排**

在员工出入口设置防损员。只要员工通道打开，防损员就要实行连续值勤。

**2. 设备设置**

防盗电子门、储物柜若干。防盗电子门是用来防止员工等偷盗商品的行为，储物柜是为来访人员暂时存放物品的。

**3. 实施监管**

对员工出入口的监管要求如下图所示。

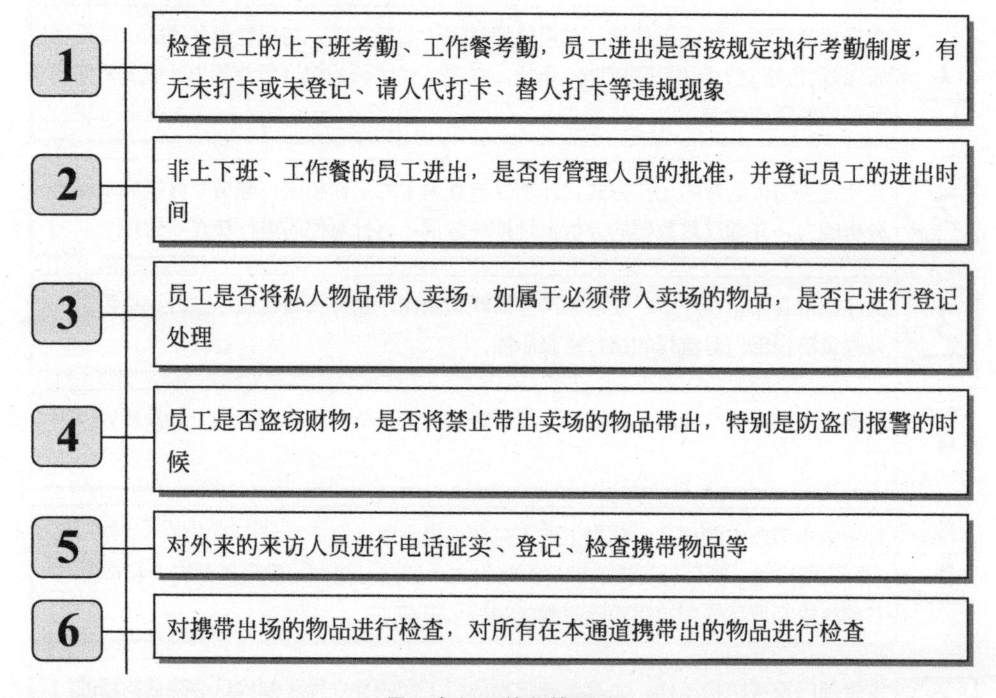


员工出入口的监管要求

特别提示：▶▶▶

员工通道应有明确的标志，而且员工通道的门应处于常关状态，以避免使顾客误入员工通道。

## 解答 2：如何做好收货口的监控

收货口货物进出频繁，也是防损监控的重点区域。商场（超市）应当采取必要的措施，对收货口进行监控。

收货口应设置防损安全员岗位，只要收货通道打开，岗位实行连续值勤制度。收货口卷闸门设置防盗报警系统，如未经密码许可强行打开，则报警。具体监控要求如下图所示。

收货口门禁管理

防损安全员同收货部主管共同负责收货门的打开和关闭，由防损安全人员协助维护现场的收货秩序，查处收货员和供应商的各种不诚实行为、作弊行为，查处收货员接受贿赂或赠品的行为

人员进出管理

供应商人员必须在收货区指定的范围内，超出范围或需要进出卖场的，必须办理登记等相关手续、出入安全检查手续。任何部门的任何人员（除收货部授权员工和授权岗位），都不能从收货口进出

收货的管理

对重要的收货程序进行检查，保证收货数量、品名均正确，保证所有已经进行收货的商品放入收货区内。检查是否由本卖场的员工亲自进行点数、称重的工作，有无供应商帮助点数、称重现象，或重复点数、称重的现象

出货的管理

对转货或个别大单送货，防损安全员必须逐单核查，包括封条、品名、数量、包装单位，并目送货物离开收货口

退换货的管理

对每一单退换货必须进行核实，核实品名、包装单位、数量、换货的品种是否正确以及单货是否一致，保证所有退出卖场的商品必须正确无误

**收货口的监控要求**

## 解答 3：如何做好垃圾口的监控

商场（超市）在运营过程中会产生一些垃圾，为了避免一些有价值的商品被误当做垃圾扔掉，商场（超市）应做好垃圾口的管理，对垃圾进行严格检查。

垃圾口需要打开时，防损安全员到岗位开关通道，进行检查。垃圾口卷闸门设置防盗报警系统，如未经密码许可强行打开，则报警。具体监控要求如下图所示。

1. 检查生鲜垃圾桶是否有异样情况，所有的垃圾是否属于该丢弃的范围，垃圾是否经过处理
2. 检查垃圾，保证所有垃圾中无纸箱等可以回收的废品，回收纸箱离开卖场不走垃圾口，而是经收货口办理手续
3. 检查卖场的垃圾袋，保证没有未执行报废手续的商品混杂在垃圾中
4. 检查收货部的垃圾桶，保证所有报废商品必须经过相应的处理程序和处理手段，使其彻底失去使用价值
5. 卖场中所有垃圾，只能由垃圾专用口离开卖场，垃圾离开前必须进行处理，保证所有垃圾已经失去价值

**垃圾口的监控要求**

## 解答4：如何做好精品区的监控

精品区是指摆放着一些贵重物品的区域，商场（超市）必须对这些区域加强监管，以避免精品被盗而造成不必要的损失。

精品区及其出口处应设置防损安全员岗位，营业时间内岗位实行连续值勤制度。精品区出口处设置电子防盗门系统和门禁系统，前者对偷盗商品进行报警，后者则对无密码开门进行报警。

其具体的监控要求如下图所示。

1. 顾客只能从进口进入，从出口出去
2. 顾客不能将非精品区的商品带入精品区内
3. 顾客在精品区内购买商品，必须在精品区内结账
4. 检查顾客的小票是否与商品一致，特别是收银员的包装是否符合精品区商品的包装要求
5. 解决电子防盗门的报警问题

6 检查精品区的柜台或展示柜在非销售时，是否上锁并处于关闭状态

7 检查精品区柜台销售商品是否采取先付款、后取货的销售方式

精品区的监控要求

## 解答5：如何做好卖场入口的监控

卖场入口人来人往，人流量大，许多小偷会混在人群中将商品盗出商场（超市）外，因此，商场（超市）尤其要加强对卖场入口的监控。

卖场入口应设置防损安全员岗位，营业时间实行不间断值勤制度。同时在卖场入口处设置电子防盗门系统和门禁系统，前者对偷盗商品进行报警，后者则对无密码开门进行报警。

其具体的监控要求如下图所示。

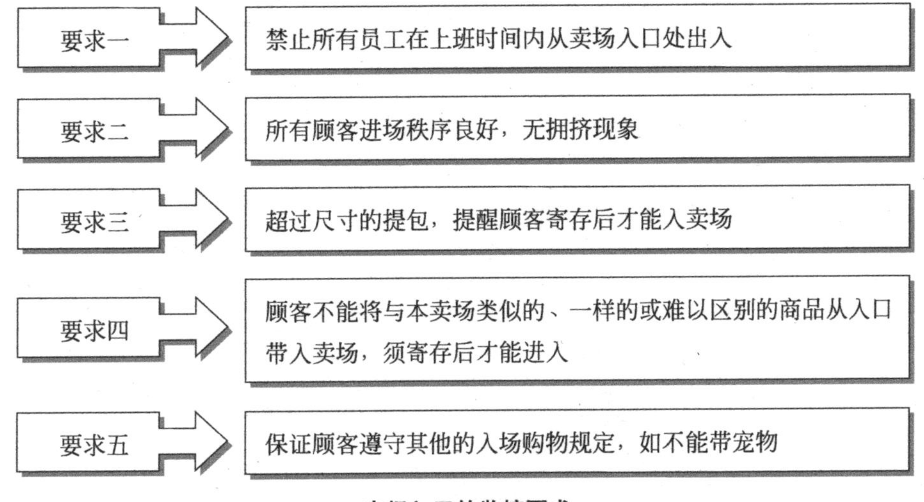


卖场入口的监控要求

## 解答6：如何做好高损耗区域的监控

高损耗品包括生鲜商品等，这些商品很容易遭到损伤，从而失去销售价值，因此，商场（超市）必须加强对这类商品区域的监控，以求降低损耗。

节假日或日常不定时地安排防损安全员巡视该区域，以发现异常顾客。同时要为防损安全员配备对讲机，发现异常状况及时联络。

具体监控要求如下图所示。

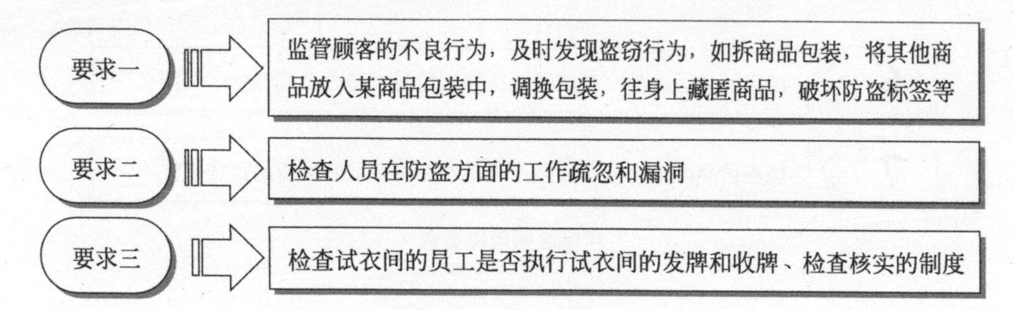


**高损耗区域的监控要求**

## 解答7：如何做好家电提货口的监控

家电的价值非常高，商场（超市）应对家电提货口实施监管，防止家电被盗等情况发生。应在家电提货口设置防损安全员岗位，营业时间实行不间断值勤。同时为提货口设置防盗报警系统，如未经密码许可强行打开，则进行报警。

对其进行监控的要求如下。

（1）每一单提货的大家电商品，必须有防损安全员检查签字。

（2）防损安全员检查是否有收银小票，收银小票是否有异常，商品品名、型号、货号与小票是否一致，数量是否与收银小票一致，已经提货的商品的小票是否盖有检测、提货章，商品的包装是否已经封好。

（3）检查提货的顾客秩序是否良好，顾客是否站在规定的提货台区域的外面。

（4）检查提货的门是否随时关闭，内提人员是否对出门的商品进行登记。

（5）检查收单处是否控制提货的流程，提货的各种印章是否在抽屉中。

## 解答8：如何降低员工错误作业造成的损耗

由于员工作业错误导致的损耗情形如下图所示。

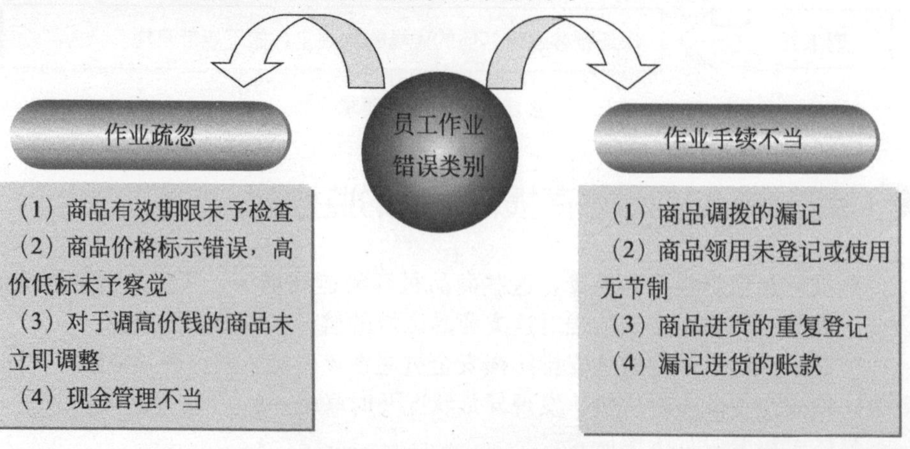


**员工作业错误导致的损耗情形**

针对上述情形，可采取以下的预防措施加以监控。

**1. 操作控制**

(1) 对于调高价钱的商品，应立即更换标签，更换时要注意先撕下旧标签，再贴上新标签。

(2) 对现金的管理，也应有详细的支付明细。

**2. 员工工作管理**

(1) 请员工详细填写班次分析表，以查核员工的工作情况，若有异常，即予警告。

(2) 请员工填好账目查核表，表中应有应收账款、现金支付表、移转、价格变动及损坏报告等项目，以供参考。

**3. 加强检查**

(1) 定期检查货架上的商品有效期限，做好“先进先出”的商品管理，仓库中的库存品亦应定期检查。

(2) 定期检查商品价格的标示，有无错误或漏标。

(3) 定期检查仓库、后门的锁、警铃及各项设备是否功能完好，使各种可能发生损耗的因素降至最低点。

## 解答 9：如何预防员工偷盗

员工偷窃的损耗主要有下图所示的几种情形。

现金短溢

(1) 没有按收银键，并且私自记录金额数字
(2) 消费者更换商品时，没有正确地操作收银机，办理退换货手续
(3) 在开放的收银机抽屉中工作，并且伺机把钱从收银机中取走
(4) 向消费者宣称特价品或折价品已终止，从而以原价销售
(5) 在退货中做手脚，因为员工可自制退货发票，而将现金拿走
(6) 在回收的酒瓶中做手脚，员工于退瓶登记中登记错误的数目，造成现金流失

商品短少

(1) 将商品放入空纸箱或垃圾箱内，待纸箱或垃圾箱运出店外后将商品拿走
(2) 利用衣物夹带商品，如把物品放在皮包或大衣口袋中携出
(3) 复制商场（超市）的钥匙，伺机偷窃
(4) 故意将商品破坏，如将包装破坏、拆损或缺角等，而使商品无法销售，从而自我取用

员工监守自盗

(1) 收银员将自己的朋友或亲属所购买的东西，漏打或私自降价出售

(2) 员工将自己所要购买的商品，先用低价标签贴上，再结账。与收银员相互串通，以低价打入收银机

(3) 在补货时员工相互串通，不是把所有的商品都上架，剩余的由下班的人员带走

员工购物

(1) 员工在上班时或下班后购物，携购物袋进入办公室，再将其他商品放入购物袋中

(2) 现场人员与收银人员勾结，高价低卖或改以人工手打方式输入收银机，或漏打若干品项

员工偷窃的损耗情形

针对上述情况，商场（超市）应加强对员工的监管，减少偷盗造成的损耗。具体监管措施如下图所示。

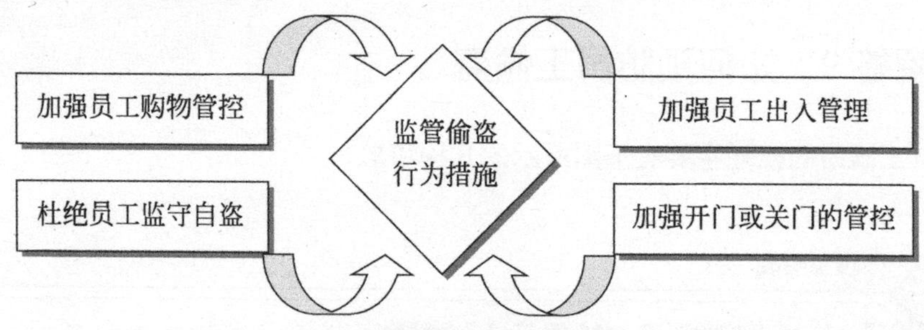


对员工偷盗行为的监管措施

**1. 加强员工购物管控**

针对员工购物可能产生的损耗，其应对措施如下。

(1) 禁止员工在上班时间购物，若在午休或吃饭时间欲购物者，其所购买的商品须存放于指定场所，待下班后才能取走，不许带入卖场。

(2) 下班后购物者，应于打完卡后才能购买，并且由前门出入，不得在现场逗留。

(3) 若轮值晚班，可于下班前利用休息时间购买，但不可携入，必须存放在指定场所。

**2. 加强员工出入管理**

(1) 严格要求员工上下班时由规定的出入口进出。

(2) 员工离店时，一律自动打开所携带的箱、包，由卖场值班人员检查。

(3) 若有购物者，须主动出示收银发票。

**3. 杜绝员工监守自盗**

(1) 制订员工监守自盗处罚办法，公布并贯彻执行。

（2）经理或管理人员随时注意每位下班人员所携带的物品，查对发票金额。

**4. 加强开门或关门的管控**

（1）值勤人员应做好开门、关门的工作。

（2）仓库门需随时锁上，并记录进出的时间及次数。

（3）通知保安，设定时间启动夜间保安措施，以确保安全。

## 解答 10：如何防范顾客偷窃行为

顾客偷窃是造成商品损耗的主要原因，商场（超市）各级人员要对顾客偷窃有着清晰的了解，并采取各种必要的措施进行防范。

顾客偷窃的几种常用方法有随身夹带、皮包（购物袋）夹带、高价低标（换标签）、偷吃、换穿、换包装。

在卖场的死角或看不见的场所、现场无工作人员的地方、上下电梯的地方、照明较暗的场所、通道狭小的场所、管理较乱及商品陈列较乱的场所、试衣间等都是小偷容易光顾的场所。

容易发生偷窃的时间如下图所示。

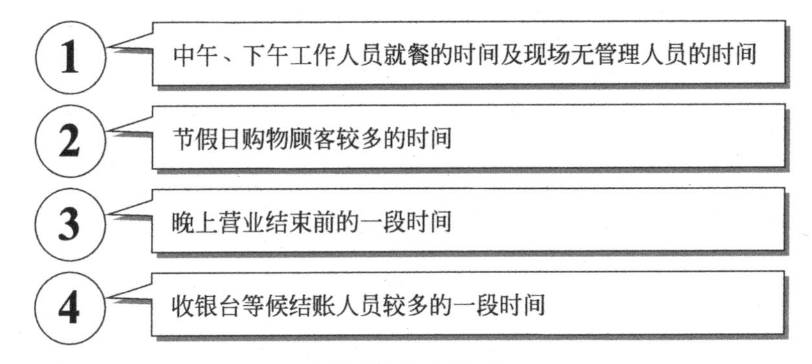


容易发生偷窃的时间

容易被偷窃的物品如下图所示。

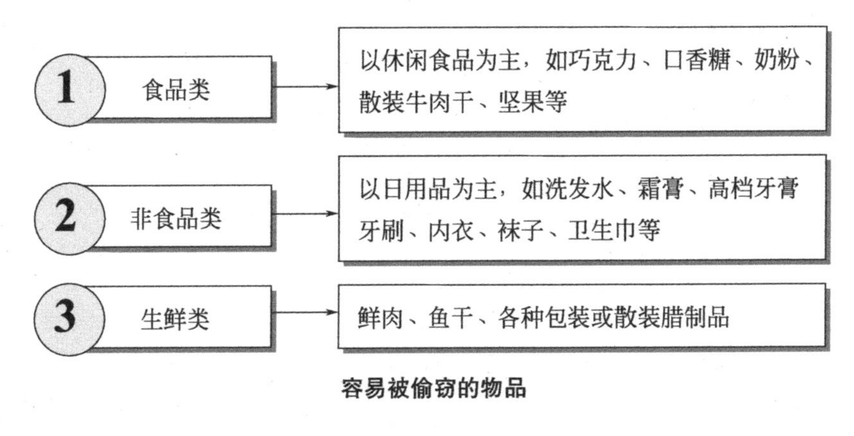


容易被偷窃的物品

针对上述这些情形，对顾客的偷窃行为可以采取下述防范措施，防患于未然。

**1. 人员的教育培训**

（1）每天应不定时进行防损安全广播，特别是高峰期。提醒顾客应注意的购物安全和规定，以及公开防损部门的调动信息。以此在卖场造成一种气氛，培养顾客控损文化，无形之中可扼制一些有不良行为人的偷窃意识。

（2）在店面组织的工作会议上，防损部门负责人应将平时工作发现的一些防损方面的新情况、新问题提出来进行讨论，并达成共识，以此提高广大员工的防损意识。

**2. 商品陈列控制**

（1）卖场前部的陈列不应挡住收银员投向卖场及顾客流动区域的视线。

（2）口香糖、巧克力及其他体积小价值高且吸引人的商品，必须放在收银员看得到或者偷窃者不便于隐藏的地方。

（3）由于季节的变化而易失窃的商品，应该将这些商品的摆放位置进行调整，这些商品通常应陈列在货架的端头附近。

**3. 防盗处理**

对有条件的商品进行防盗处理，合理投放防盗标签。如针织品，包装盒食品，为防止因顾客拆开包装损坏商品，可用胶带进行加固，并提示“请勿拆开包装”。

**4. 巡视检查**

（1）加强对卖场各部门包括联营柜组、仓库的巡视检查与管理，不允许非工作人员进入。

（2）不定时对垃圾箱、卫生间以及盲点区域进行检查，建立卖场盲区巡视检查表，看是否有无丢弃的空包装、价格标签。

## 解答 11：如何防范团伙偷盗行为

偷盗团伙通常每次 5～6 人共同作案，手法专业、分工明确，有专门负责引开理货员的、专门把风的和专门作案的，每次偷盗的金额特别巨大。团伙的主要目标商品是：日化霜膏、高档听装奶粉、高档巧克力系列等。

团伙偷盗行为的防范措施如下图所示。

划分责任

将重点排面进行责任划分，责任落实到人，做到定人定岗，确保重点排面不空岗，对月度盘点的损耗，责任人应承担一定管理责任

加强培训

每月进行一次全员防损意识和防损技能培训

设立专门收银台

对重点商品进行跟踪销售，重点商品区域需设立专柜收银台。员工要养成顾客购物后主动带顾客结账的习惯

减少陈列

结合商场（超市）销售情况，对重点易窃商品适当减少排面的陈列量（如奶粉、巧克力等），部分零散商品可进行垫高处理

加强检查

对能够投放防盗标签的重点商品，必须 100%投放到位；每周至少检查两次重点易窃商品的防盗扣、软标等是否有松动或脱落；对防盗扣的投放、进行检查

**团伙偷盗行为的防范措施**

特别提示：▶▶▶

所有口香糖系列可将包装盒用双面胶粘在货架上，单层陈列，可以避免整锅端。

## 解答 12：如何处理偷盗嫌疑人

偷盗嫌疑人不代表一定是偷盗。对发现的偷盗嫌疑人，商场（超市）必须谨慎处理，以避免“冤枉好人”而造成不必要的纠纷。其处理流程如下图所示。

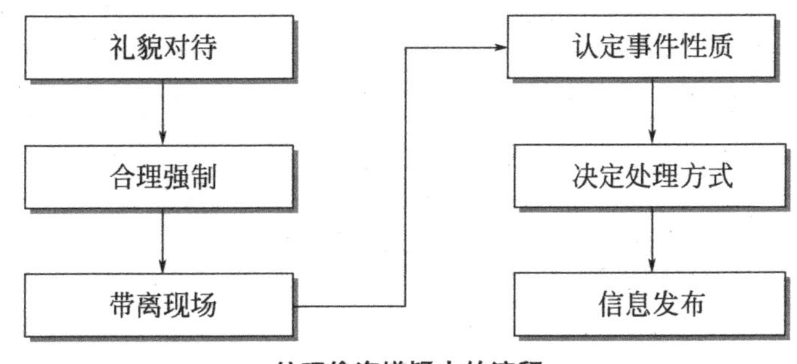


**处理偷盗嫌疑人的流程**

**1. 礼貌对待**

捉拿时必须有两人一起，抓获小偷要有一人作证，注意避免反抗。

例如，可礼貌地问：“我们是××超市的防损员，请问您是不是有什么东西忘记了付款。”或者“我们是……有些事我们需要澄清一下，请您配合。”如对方不配合可继续讲：“您身上的×××商品是否忘记了付款。”

**2. 合理强制**

如小偷拒绝合作，可采取合理的强制手段，但一定要通知其他防损员配合。提防小偷行凶逃跑。

**3. 带离现场**

迅速将小偷带到办公室，防止顾客围观，并做到前引后随，看住双手，迅速通知课长领班负责处理。现场需要有两人以上负责在场看守，遇有女性时需要有女员工在场。

**4. 认定事件性质**

注意礼貌询问，动员小偷主动拿出赃物，切勿搜身。确实没有作案的，要对其做到认错快、道歉快，并做好备忘录。赃物已转移或隐蔽较深的要多方了解，仔细分析。

**5. 决定处理方式**

首先做好调查记录，让顾客填写“异常购物情况记录”并签名，愿意接受赔偿的可按商场（超市）规定自己处理。不要对未成年人直接处罚，应通知其家长或监护人再作处理。如不愿接受赔偿或态度比较恶劣的以及有暴力倾向的人一律移交公安机关处理。

**6. 信息发布**

未经防损部门领导书面同意和授权，任何人不得对其他部门和外界发布信息和接受采访，当有人向你提问时，你只能说：“请与我们上级联系”。

## 解答13：如何处理“特殊”过失行为人

特殊过失行为人包括老人、孕妇、小孩等，商场（超市）应对这些人做好处理工作。

**1. 对老人偷盗的处理**

老人的偷盗行为，一般来说占小便宜的心理较多，偷盗的商品多为小商品，价格不高，例如味精、盐、胡椒粉等，对其处理方法如下图所示。

1. 对于老人的偷盗行为，处理时方法一定要妥当、周全
2. 首先要考虑到其年纪大、身体状况不好；同时，切忌在言语上给其制造刺激，以免造成精神伤害
3. 发现偷盗时要婉言制止，在其即将得逞前，制止其过失的形式

对老人偷盗的处理方法

**2. 对孕妇偷盗的处理**

对孕妇的偷盗行为，首先要确定其是否为孕妇，是正常顾客还是团伙惯偷，要区别对待。

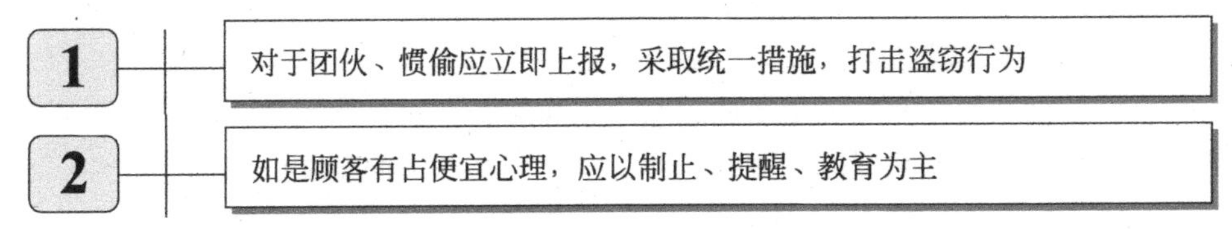


对孕妇偷盗的处理方法

**3. 对小孩偷盗的处理**

对于未成年人，有不良行为或违法行为时，就及时制止并进行批评教育。如果有背后指使者，发现后立即上报相关管理人员和当地公安机关。

## 解答 14：如何管理被盗物品

被盗物品一旦被追回，就要做好处理工作，如登记、统计等，以及时恢复其销售价值。具体管理措施如下图所示。

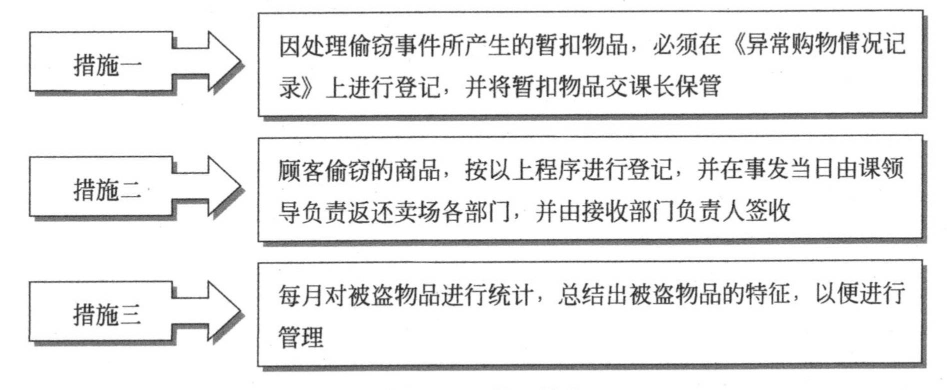


被盗物品的管理措施

## 解答 15：如何做好全员防损工作

全员防损即公司所有员工均积极配合并遵守防损管理规定，积极参与防损监督和举报，及时为防损部门提供损耗线索。 员工将防损视为自己的本职工作，并确信每一分钱损耗都关系到自己的切身利益。

**1. 加强全员的防窃意识**

商场（超市）要加强全员的防窃意识，使上至经理下至普通员工都了解“防损人人有责”。

**2. 配置先进的防盗设备**

当前市场上的防盗设备较多，商场（超市）要选择合适的防盗设备。在选用设备前商场（超市）要对设备性能进行考察、反复比较、论证，从适应性、效果、质量、价格等多方面权衡利弊的基础上作出选择。

**3. 建立全面的防范制度**

防损工作是动态的，各个案例的差异性非常大，所以商场（超市）要在常规制度的基础上，根据新情况及薄弱环节，建立全面的防范制度。

**4. 运用自助防盗手段**

自助行为手段不得违反法律和公共道德，商场（超市）经营者虽然有权进行自助行为，但并不意味着可以滥用权利。合理的自助行为必须符合法律规定与公共道德。

在我国现行法律框架内，商场（超市）合理的自助行为仅限于暂时滞留盗窃嫌疑者，而无搜查、拘禁和罚款的权利。合理的自助行为发生后，必须提交警方处理。

下面提供一份××超市全员防损制度的经典范本，供读者参考。

---

## 【经典范本】××超市全员防损制度 ▶▶▶

### ××超市全员防损制度

要提高超市经济效益，降低商品损耗，就必须做到人人防损、时时防损，真正树立全员防损意识。为了更好地做好这项工作，特制订如下实施细则。

**一、加强教育，提高意识**

1. 加强全体员工的政治思想教育，法制教育；增强全员的法制观念，从而减少内盗情况的发生。

2. 定期和不定期地对全员进行防损知识培训及宣传工作，提高每位员工的防损意识，协助防损部做好防损工作，把全员防损工作落实到实处。

防盗措施：

1. 内盗。

1.1 加强员工、促销员、保洁工道德及价值观意识教育，加强反扒及内盗举报重赏。

1.2 不定期对员工出入口进行稽核。

1.3 禁止无关人员进入货区。

1.4 所有员工购物必须在指定收银台结账。

1.5 购买的商品不得在非稽核口出卖场。

1.6 收银员不得为亲属、朋友结账。

1.7 所有员工自用品与卖区商品相同的不得带入卖场，必须带入卖场的自用品，需内部统一印制的标签张贴，以便于与卖场商品区分。

2.外盗。

2.1 全员反扒，发现可疑顾客，立即报告保卫部，跟踪监控。

2.2 对损耗较高的商品加装磁扣或粘贴磁条，贵重商品可考虑封闭式销售。

2.3 条码标签必须有容易断裂的刀痕，以免顾客换条码。

2.4 厂商驻场展销物品的携入、携出严格按照“物品携入明细单”认真审核检查。

2.5 商品携入携出单均由保卫部领用，其他部门不得领用。

2.6 商品退货要有签字齐全的退货单，保安人员检查并做退货登记放行。

2.7 大宗购物有主管、经理签字，保卫人员对销售清单时间、数量、金额核对后放行。

## 二、各种损耗的预防措施

1.自然损耗（主要发生在生鲜部）。

1.1 现象：蔬菜水果自然脱水失重。

措施A：生鲜部员工在蔬果的储藏和销售过程中，应采取相应措施做好蔬果的保鲜工作。

措施B：谈判员和供应商谈判时，可向供应商约定，按一定比例给我方贴补损耗。

1.2 现象：包装重量损耗（外包装、包装袋）

措施：在收货部收货时应扣除包装容器及浮着在上面的其他杂物，确保商品的净重量。

1.3 现象：生鲜商品腐败或顾客将质量较差的部分剥离。

措施A：收货部收货时严格控制商品质量，避免夹带劣质腐败商品。

措施B：生鲜部在销售时可改为个或袋进行销售。

2.加工损耗（主要存在生鲜部）。

2.1 现象：切割肉品或水产的加工损耗。

措施A：生鲜部相关人员应准确算出加工产出表，避免负毛利销售。

措施B：对生鲜技师加强专业知识培训，提高加工技术水平。

2.2 现象：熟食加工后失重。

措施：计算成本时，应考虑成品率做好每个商品的食谱卡（含成本表）。

2.3 现象：加工技术不好。

措施：加强各种专业技术人员的培训，提高生鲜部技工加工技术水平。

3.变质损耗（主要出现在生鲜部和食品部）。

3.1 现象：定货过多没卖完就变质。

措施A：无论采购还是主管，在订货时应参考历史资料，准确预估销售数量。

措施B：若有卖不完的库存，应提前退回供应商或折价清仓，当日卖不完的商品，应按规定的保存条件储存。

3.2　现象：保存条件不当，包括停电太久，冷冻或冷藏设备升温。

措施A：按商品的储存条件正确储存，停电若超过一小时以上应将冷冻、冷藏品放入冷库，生鲜部一定要指定专人负责。

措施B：建立设备维护检查制度，定时检查冷冻冷藏柜的温度，发现异常立即解决。

3.3　现象：验收时未把质量关商品变质。

措施A：收货部收货时要严把质量关，对接近保质期和不符合质量标准的商品，坚决拒收。

措施B：对收货部人员加强商品知识培训。

4.过期损耗。

4.1　现象：商品保质期过期。

措施A：收货部收货时，应严格按照保质期相关规定标准收货，拒绝接收过期变质商品。

措施B：销售时严格执行先进先出的原则，每周检查一次商品保质期，包括周转仓。

4.2　现象：百货商品过季。

措施：季节商品应合理控制库存，在季节结束前提降价出清存货或季节结束后退回供应商。

5.储运损耗。

5.1　现象：上下货不当商品摔坏或压坏。

措施：收货部收货后在搬运、码放商品时要小心搬运，码放整齐、牢固，按标准码放高度码放。

5.2　现象：存货放置久，纸箱变软内装商品压坏。

措施：随时注意商品库存天数，避免库存过高，超过库存指标应主动办理退货。

5.3　现象：老鼠咬坏商品。

措施：查出鼠源，彻底消灭鼠患，采用粘鼠胶、鼠药、鼠笼等灭鼠工具。

6.收银员损耗。

6.1　现象：收银粗心，漏结、误结。

措施：严格按照收银规范操作，不可发生错误，盒装商品必须打开包装检查，避免顾客私换商品。

6.2　现象：收银员扫错条码，如：五连包扫成单包条码。

措施：禁止背诵货号，避免产生错误。

7.内盗损耗。

7.1　现象：员工、促销员、保洁工偷盗、夹带偷吃。

措施：加强员工、促销员、保洁工道德及价值观意识教育，加强反扒及内盗举报重赏。

7.2　现象：员工与收银员、稽核人员（保安）或厂商串通，搞一条龙或里应外合等不法勾当。

措施：每周不定期（至少两次）对员工、促销员出入口进行稽核。

7.3　现象：收银员故意为亲朋好友漏结或高价低结。

措施：收银员不得为亲朋好友结账；否则，将按相关规定处理。

8.外盗损耗。

8.1　现象：顾客夹带、偷吃、换条码、换包装。

措施：全员反扒并提高警觉，对可疑人员要跟踪观察，并报告保卫人员；加强保安监控及反扒工作，对于损耗率较高的商品，全数加装磁扣或按一定比例贴磁条，加强纸盒包装的封口或考虑以封闭方式销售（精品柜）；条码标签必须有容易断裂的刀痕，以免顾客换条码，将收银通道缩小以免顾客夹带。

8.2　现象：联营供应商退货时夹带商品。

措施：厂商因工作需要，需将物品带入卖场要填写物品携入明细表；出场时要以“携出物品明细表”单据方能出场，保安检查单据上的品名、数量、单据与实物相符方可出场，未填写的物品一律不准携出。

8.3　现象：促销员偷盗商品搞试吃。

措施：严格按营运规范作业。

8.4　现象：联营厂商盗取加工原料或商品。

措施：严格把关，并将联营厂商的加工原料或商品加贴标识，做定期和不定期的检查。

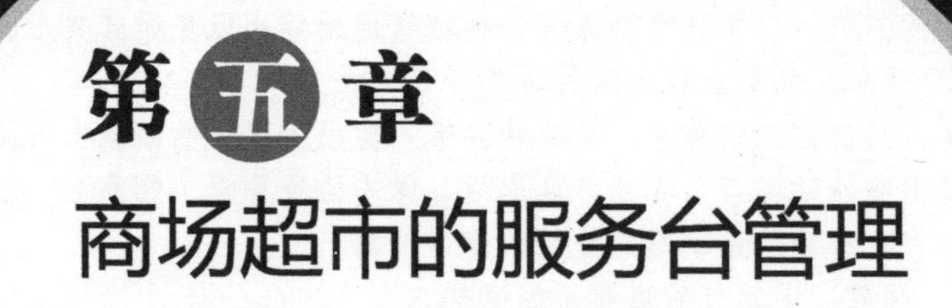

# 第五章 商场超市的服务台管理

■ 第一节　服务台管理的认知

■ 第二节　常见问题解答

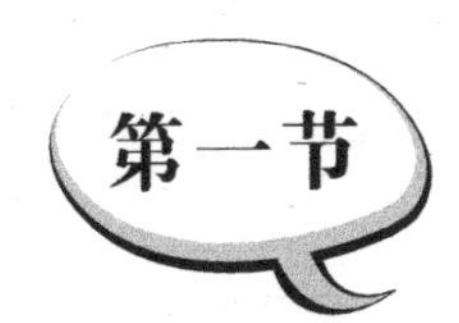


# 服务台管理的认知

## 认知 1：服务台在商场超市经营中的重要性

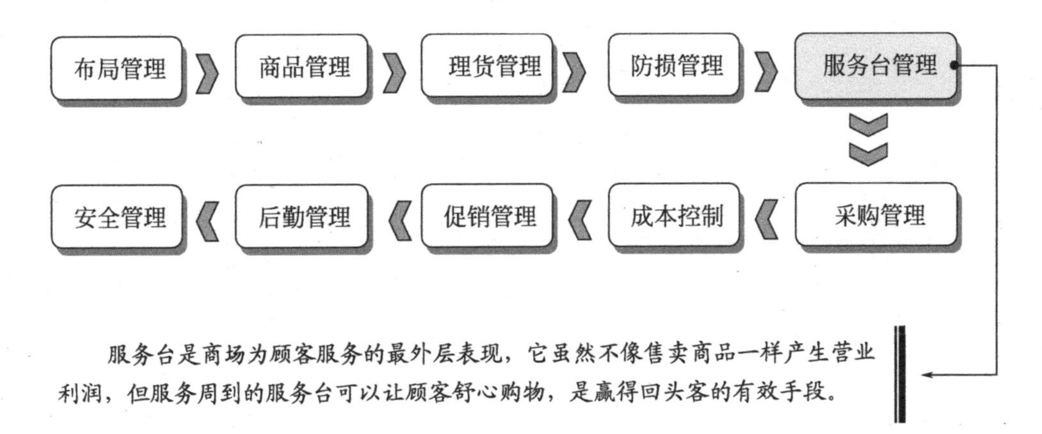


服务台是商场为顾客服务的最外层表现，它虽然不像售卖商品一样产生营业利润，但服务周到的服务台可以让顾客舒心购物，是赢得回头客的有效手段。

## 认知 2：商场超市经营中服务台的工作范围和服务项目

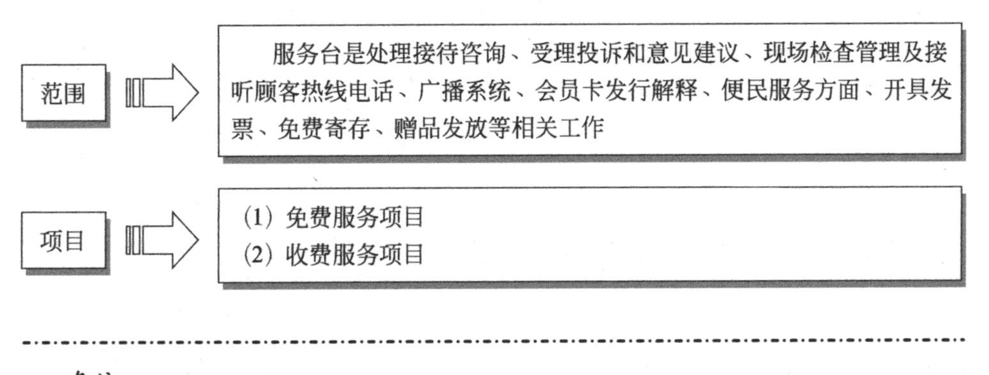


备注：

(1) 服务台免费服务项目一般包括：文明伞、针线包、医药箱、失物登记和招领、答询、广播寻人（物）等。

(2) 服务台收费服务项目一般包括：传真、复印、礼品包装、出售报刊杂志等，收费标准要以书面形式张贴明示。

## 认知 3：商场（超市）服务台人员岗位职责

商场（超市）服务台人员岗位职责如下图所示。

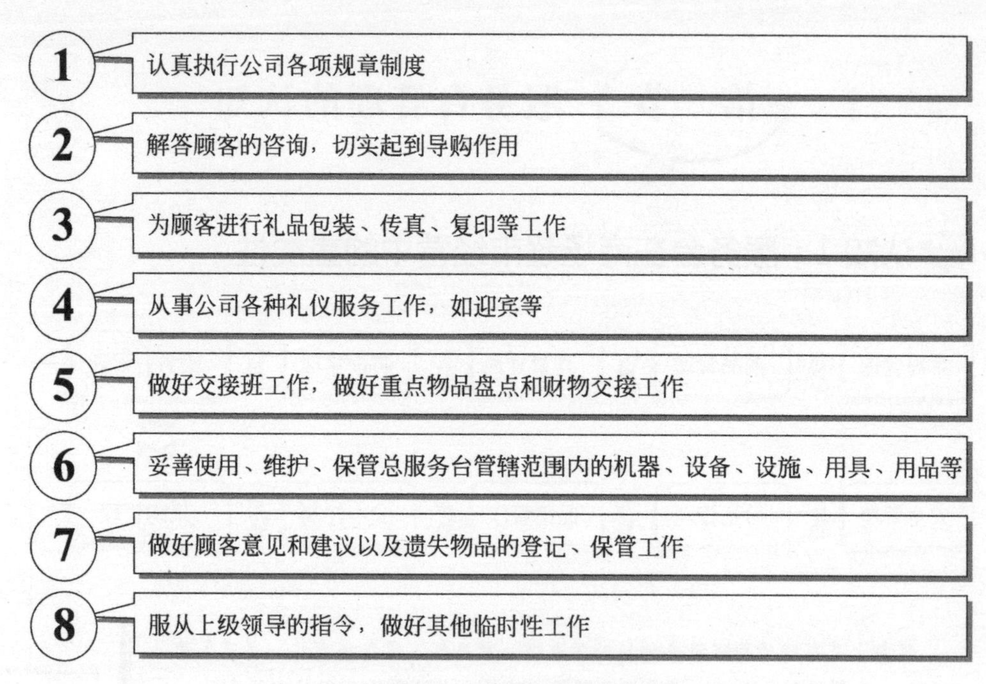


商场（超市）服务台人员岗位职责

## 第二节 常见问题解答

### 解答1：如何做好营业前基本工作

服务台是为顾客提供各种服务的部门，服务台工作效率的高低直接决定着顾客的购物体验，因此，服务台各级员工都应当严格做好服务工作。这首先就要求服务台做好营业前的基本工作，包括到岗、清洁服务台等。其具体管理措施如下图所示。

|  |  |
| --- | --- |
| 到岗 | 服务台工作人员在营业前应当提前到岗，以便做好各项准备工作 |
| 清洁服务台 | 清洁、整理服务台，包含寄存台、小商品柜等区域 |
| 补充必备的物品 | 必备物品包括各项寄包牌、补充、整理商品柜的各种商品；补充当期的特价宣传商品及宣传材料 |

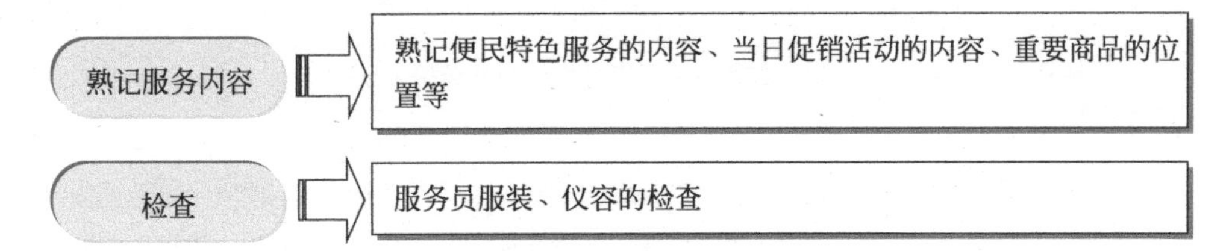


营业前基本工作的管理措施

## 解答 2：如何做好营业中基本工作

营业中基本工作包括打招呼、实施站立服务、为顾客提供服务等，目的在于使顾客获得完美的购物体验。

营业开始后，向来到服务台的顾客热情地打招呼。实行站立服务，主动接待顾客，并使用礼貌用语，例如："欢迎光临"、"谢谢光临"、"再见"。

在营业中，为顾客提供的服务项目如下图所示。

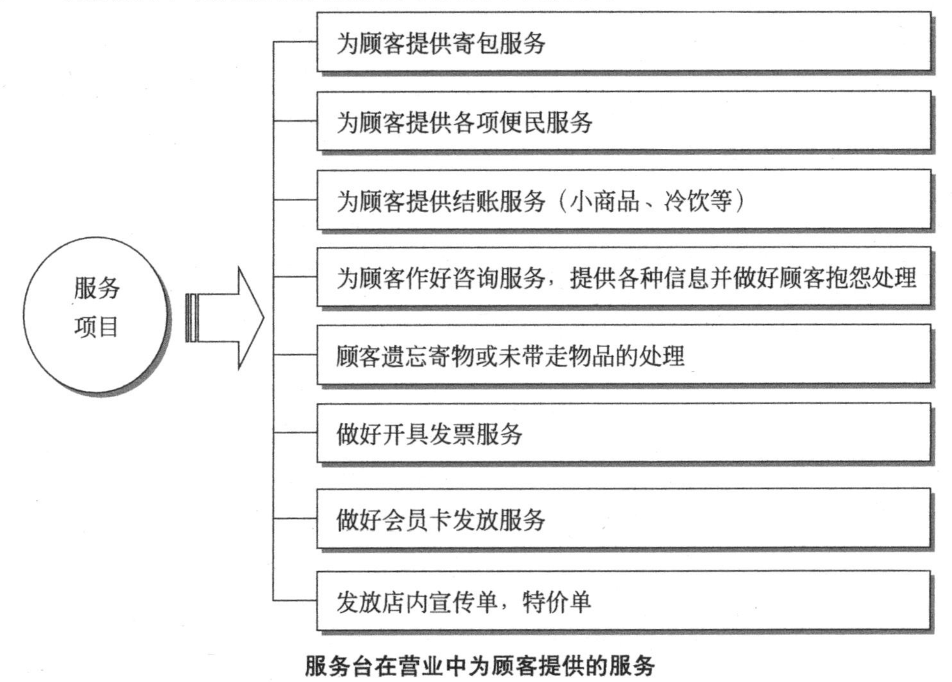


服务台在营业中为顾客提供的服务

## 解答 3：如何做好营业后的基本工作

服务台是商场（超市）最繁忙的部门之一，因此，营业后也有大量工作要做，各级员工必须按程序做好处理工作，以便为第二天的工作提前做好准备。具体事项如下图所示。

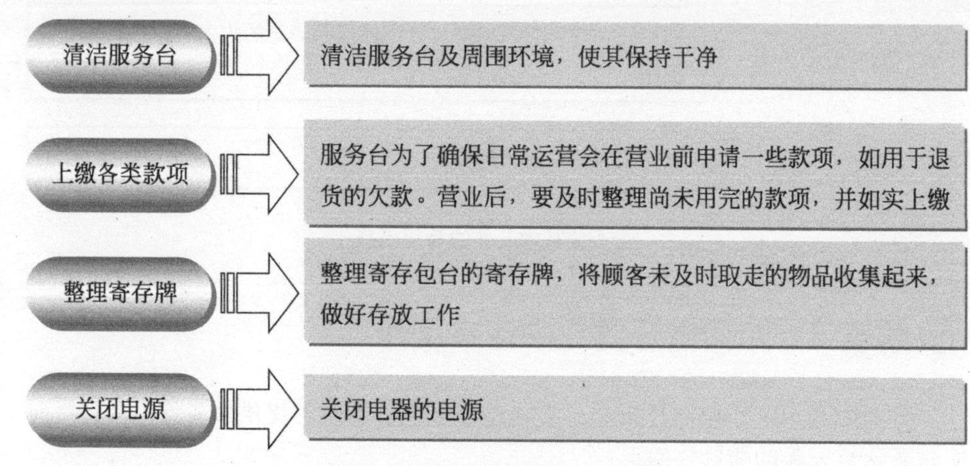


服务台在营业后的基本工作事项

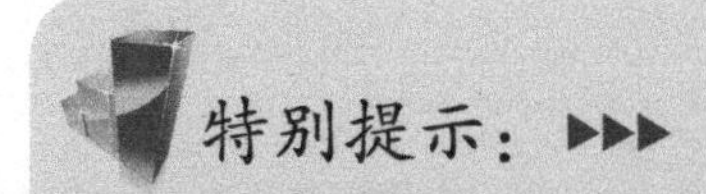


服务台物品摆放要整齐、有序；工作人员在为顾客服务时动作要标准、规范。

## 解答4：如何接听及处理顾客来电

接听电话是服务台的一项基本职能。服务台员工要及时接听，并做好记录，同时对顾客在电话中要求的事项及时进行处理。具体要求如下。

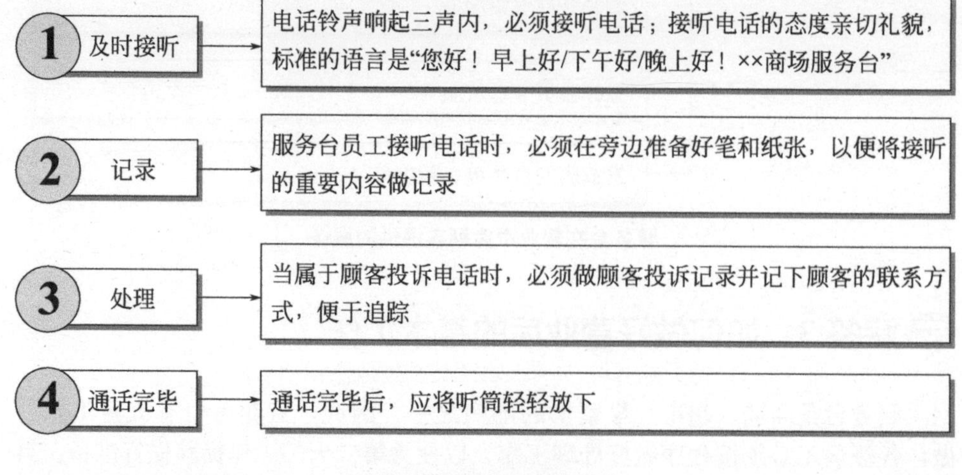


接听及处理顾客来电的要求

## 解答 5：如何做好顾客的咨询服务

很多顾客一旦产生疑问，都会到服务台进行咨询。顾客前来咨询时，服务台员工要热情接待，主动向顾客打招呼，礼貌、周到地回答顾客的咨询。在解答顾客的问题时，要注意如下图所示的事项。

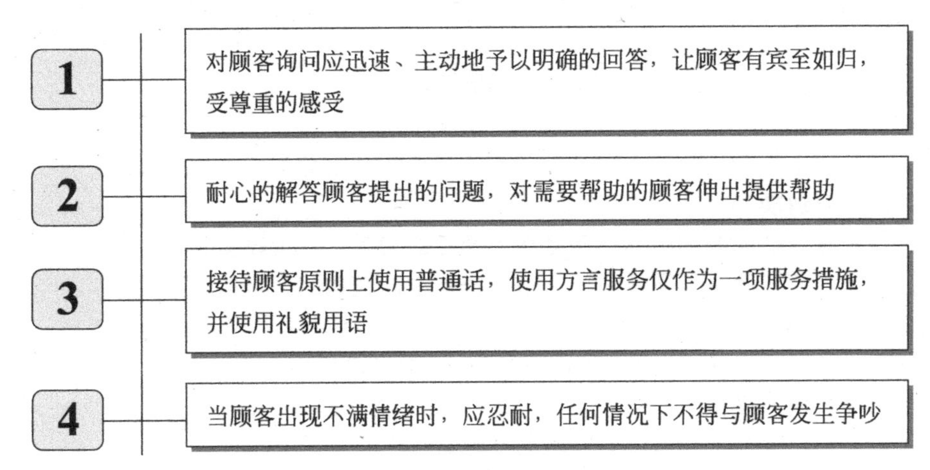


**解答顾客问题时的注意事项**

## 解答 6：如何受理顾客的意见和建议

顾客向商场（超市）提出意见和建议是对商场（超市）的一种关心，服务员必须耐心听取，并根据判断结果做好相应的处理工作。

受理顾客的意见和建议流程如下图所示。

设立顾客意见、建议登记本

设立顾客意见、建议登记本，供顾客建议和意见时使用

表示感谢

接到顾客对商场（超市）的意见和建议时，应表示感谢并认真听取

判断

经判断后将合理的、具有建设性的意见和建议进行记录上交上级主管；经判断后认为不合理的建议，也不要与顾客发生争执，要向其表示感谢

4 转交处理

对需要转交其他部门处理的顾客电话应及时转交，不得以任何理由延误。转交时应做好交接记录，请受理人签名，避免发生疏漏，受理部门负责落实处理，并答复顾客

受理顾客的意见和建议的流程

## 解答7：如何协助顾客退换货

退换货也是服务台的一项常规工作，退换货主要分为以下几种情况。

**1. 可以退换**

(1) 有质量问题的商品，并且在退换货的时限内，可以退换。

(2) 一般性商品无质量问题，但不影响重新销售的，可以退换货。

**2. 可以换货**

有质量问题的商品，超出退货的时限，在换货时限内，不可退货，但可换货。

**3. 不可以退换货**

(1) 超出退换货的时限，不可以退换货。

(2) 一般性商品无质量问题，但有明显使用痕迹的，不可以退换货。

(3) 经过顾客加工或特别为顾客加工后，无质量问题的，不可以退换货。

(4) 因顾客使用、维修、保养不当或自行拆装造成损坏的，不可以退换货。

(5) 商品售出后因人为失误造成损坏，不可以退换货。

(6) 原包装损坏或遗失、配件不全或损坏、无保修卡的商品，不可以退换货。

退换货的管理流程如下图所示。

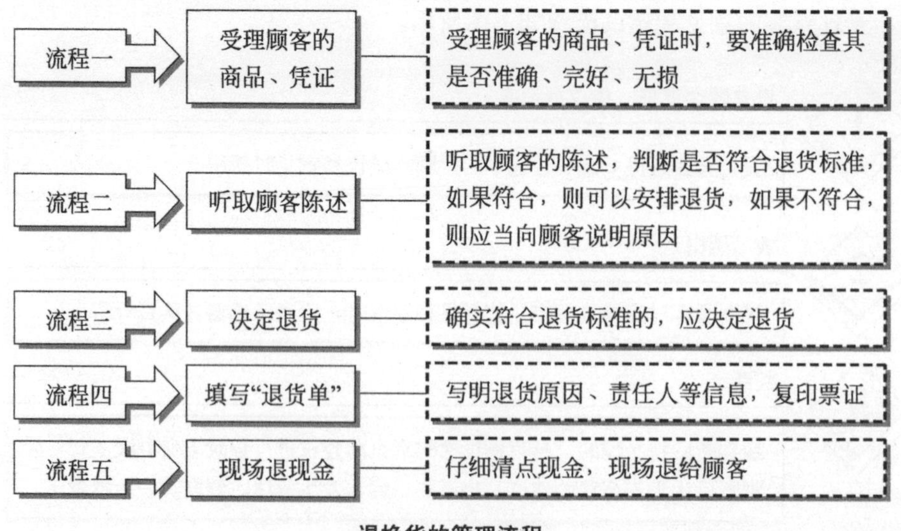


退换货的管理流程

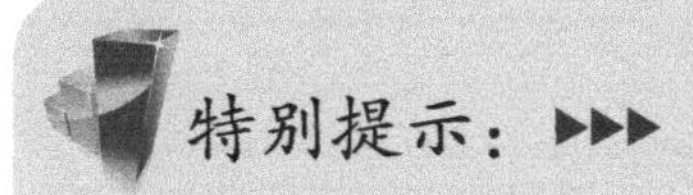


为了做好对退换货的管理工作，商场（超市）可以将以上内容作为“退货须知”张贴出来，使所有顾客明确看到。

## 解答8：如何发放赠品

赠品发放通常有店外发放、服务台发放两种形式。赠品发放应按以下要求进行。

（1）赠品的发放必须以告示及传单所公布的发放方法为准。

（2）卖场内不许任何厂商现场发放赠品及广告活页。

（3）赠品凭购买小票发放，发完即止。

（4）发出的赠品不予换货。

（5）赠品的发放须有台账记录，有相关人员及顾客的签名。

（6）活动结束后，要进行清点。

## 解答9：如何发布店内广播

悦耳清新舒缓的音乐能为卖场创造一种闲适的氛围，亦能直接影响顾客和营业员的情绪。

播音的基本要求如下图所示。

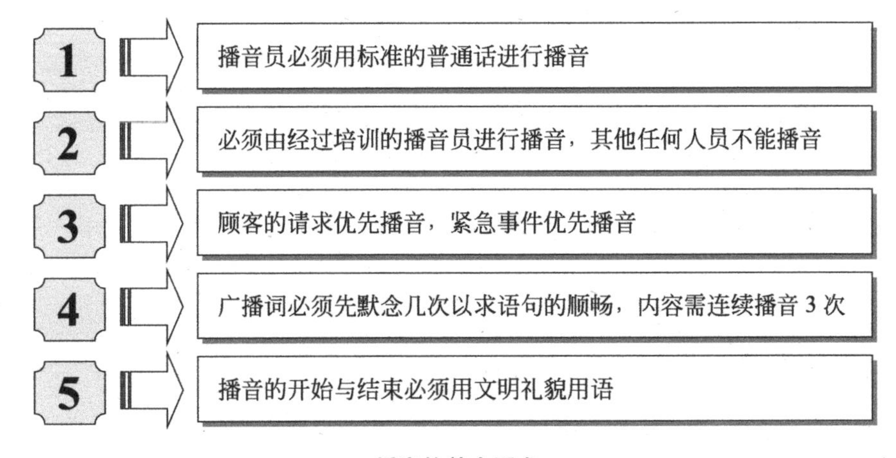


播音的基本要求

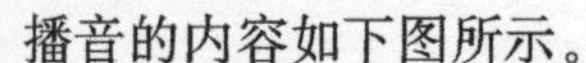

播音的内容如下图所示。

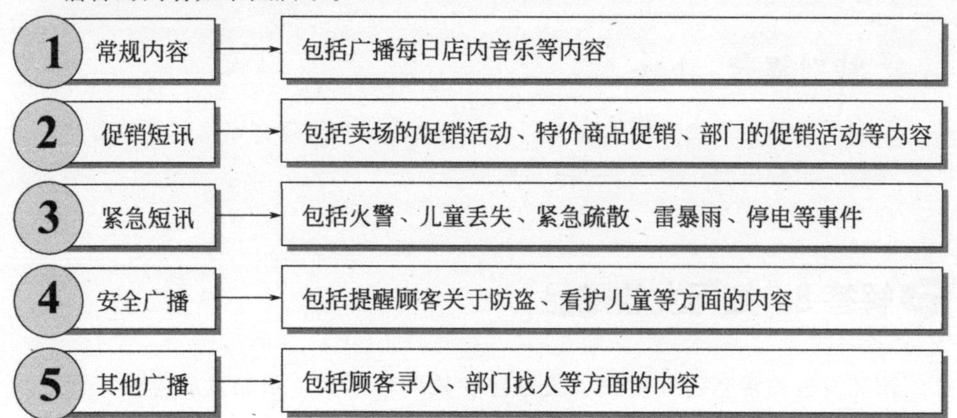


**播音的内容**

发布店内广播的流程如下图所示。

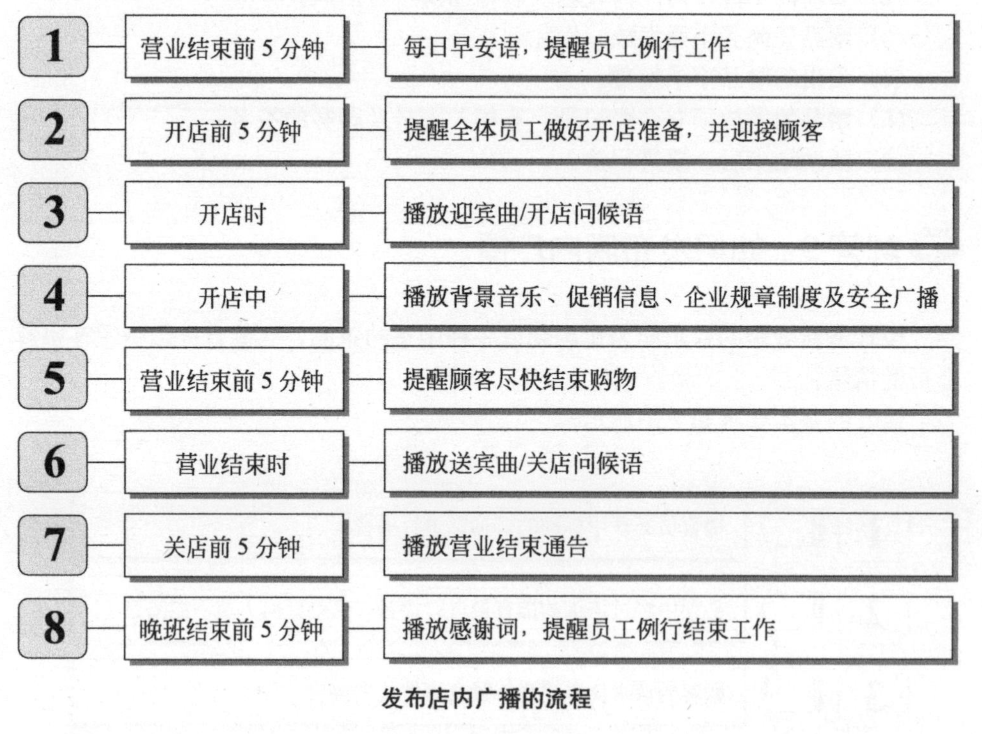


**发布店内广播的流程**

小提示：▶▶▶

发布店内广播时要分轻重缓急，一旦发生紧急事件时，可以立刻中断常规广播，而播放紧急事件，例如顾客的小孩走失等。

## 解答10：如何开具发票

服务台员工应对发票簿的安全负全部责任；严禁遗失发票簿；严禁虚开发票；即顾客没有小票或没有足够金额小票的时候给予开具足够的金额；严禁开票时不填写时间和品名；严禁开票金额前不加“￥”或在大写金额前不添加“零”，给顾客自己作弊的机会。

商场（超市）可以为顾客开具普通发票，也可以应顾客要求开具增值税发票，其操作流程分别如下。

开具普通发票的流程如下。

要求顾客提供相关材料

（1）要求顾客提供商场（超市）的购物小票，一般是一个月内的购物小票才有效

（2）要求顾客提供单位全称及需开具的商品名称

核算

服务台员工核算小票总金额是否正确、检查购买时间是否超期，将不符合要求的小票清理出来

填写发票

（1）服务台员工填写发票要一式三联：认真填写开票日期、商品名称、数量、在填写金额时需在前面加“￥”、大写金额区域不能空格应填写“零”字、最后签名。注意：开具发票要求字体清晰、无涂改

（2）发票上开具的商品基本要求为顾客购买的品类，并且开具的数量和金额必须在商场（超市）该单品总销售额的范围内

递交发票

将盖有商场（超市）公章的发票联双手递给顾客让他核对是否正确，并将购物小票盖上“票已开”印章，归还给顾客

登记

当同一发票簿用完以后，讲开具的发票金额进行汇总：将废票、空头票进行登记。用规范的字体登记在发票簿的封面上

**开具普通发票的流程**

开具增值税发票的流程如下。

**1. 要求顾客提供相关材料**

(1) 要求首次开税票的顾客要提供单位营业执照、税务登记证、地址、电话、开户银行及账号，在开票系统中建立该客户的资料代码。对再次开票的顾客要求其提供购货单位全称或税号以供查询系统内已建立的客户资料。

(2) 要求顾客提供商场（超市）的购物小票，要求是一个月内的购物小票才有效。

**2. 核算**

(1) 服务台员工核算小票总金额及购买时间，将不符合要求的小票清理出来，并礼貌的告知顾客。

(2) 对盖有“票已开”印章的购物小票不再开具增值税发票。

**3. 提供开票商品登记表**

提供开票商品登记表，要求顾客将要开具的商品名称、数量、单价填写在表格内，节约开票时间。若顾客自己有带来符合要求的开票商品的资料，则不用再填写该表格。

**4. 打印发票**

(1) 进入开票系统，注意查看系统税票号是否和实际税票号符合；选定购货单位，建立新的商品入系统，注意选择正确的税率。入账成功，打印发票。

(2) 注意查看增值税发票上是否有销货单位盖章，密码区是否清晰。在复核处盖上复核员印章。

(3) 发票上开具的商品基本要求为顾客购买的品类，并且开具的数量和金额必须在商场（超市）该单品总销售额的范围内。如果顾客要求开具的发票商品（顾客自己没有购买的）已经超过了本商场（超市）的销售范围，应礼貌地跟顾客说明。

**5. 递交发票**

将发票联同抵扣联双手递给顾客，让其复核开票是否正确。若开票错误，则将此发票进行作废处理，回收原发票。若开票正确，询问顾客是否需要归还购物小票，若顾客需要，在购物小票上盖好“票已开”印章双手递还顾客。

**6. 保管**

当同一发票簿用完以后，将开具的发票金额进行汇总，将废票、空头票进行登记。用规范的字体登记在发票簿的封面上。

## 解答 11：如何处理顾客投诉

对于商场（超市）来说，遇到顾客投诉是一种很常见的情况，投诉处理人员要掌握顾客投诉的处理程序，将顾客投诉圆满的处理，以此来赢得更多的顾客。其处理程序如下图所示。

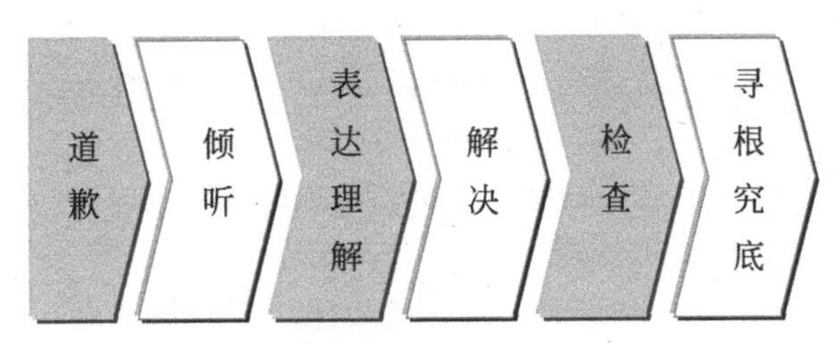


**处理顾客投诉的程序**

**1. 道歉**

顾客无论是出于什么原因来投诉，接待人员都应当先进行道歉，是顾客平静下来。

**2. 倾听**

（1）让顾客发泄。先通过开放式的问题让顾客发泄情绪，然后才能了解问题的实情。要理解顾客的心情，稳定顾客的情绪，请顾客坐下来慢慢谈，把顾客从情绪引导到事件上面去，让他把问题讲述出来。

（2）充分倾听。说服别人的最佳途径之一就是利用自己的耳朵，倾听他们所说的话。客服人员在处理顾客投诉实际上就是一个说服顾客的过程，要想处理好顾客投诉，必须先认真倾听。

**3. 表达理解**

表达理解和同情要充分利用各种方式，与投诉者直接面谈时，以眼神来表示同情，以诚心诚意、认真的表情来表示理解，以适当的身体语言，如点头、表示同意等。

**4. 解决**

在与倾听顾客的过程中，要迅速弄明白问题的关键错在，并找到解决的办法，以迅速让顾客满意。

**5. 检查**

做出补救性措施之后，要检查顾客的满意度，并且要再次道歉，然后与顾客建立联系并保持这种联系，留住顾客。

**6. 寻根究底**

这一步对卖场来说是极重要的，采纳顾客投诉传来的信息，改进自身的商品质量、服务与工作，才是经营的长久之道。

## 解答 12：如何提供免费寄存服务

免费寄存主要是针对大件物品，即在自动存包柜无法存放的物品。服务台在为顾客提供免费寄存服务时要注意寄存物品的安全保管，避免出现丢失等现象。商场（超市）可以提前制订“寄存须知”，贴在寄存处，使所有顾客都能明确看到。

**1. 办公寄存**

对前来寄包的顾客应微笑的礼貌地道一声："您好！请把您包内的贵重物品如手机、钱包等拿出，自己小心保管！"

（1）双手接过包物，挂好挂牌，并把相应的挂牌递给顾客，并提醒顾客保管好挂牌，服务台是凭挂牌提货的。

（2）如遇到要求寄多件包物的，将他们的包物统一集中在一起存放。

**2. 取件**

当顾客前来取物时，寻找对应的挂牌号，并让顾客核对是否是他的物品，核对无误后双手将包物递给顾客。

**3. 顾客丢失挂牌处理**

（1）若顾客不小心遗失了挂牌，则要顾客提供身份证原件，在"提取遗失挂牌物品"表中登记日期、挂牌号、联系电话、联系地址、身份证号码等，并支付挂牌制作费，最后签名确认。

（2）为慎重起见，在获得顾客同意后，对包内的相应物品做核对，核对正确后再将包物递给顾客，同时将那遗失的挂牌号牢记心中。

**4. 申领处理**

（1）若有顾客捡到挂牌后前来冒领寄存物（在失主已经领取走包物的前提下），则微笑着让该顾客说出相应的物品，并礼貌的开玩笑进行巧妙的解决，不给顾客难堪。

（2）若遇到确实难以解决的事件，则上报现场值班人员或经理室进行解决。

**5. 保管**

寄包一般要求当天提取，若有顾客未来提取，则服务台要做好存放物品安全的保管工作。

下面提供一份××商场服务台寄包须知的经典范本，供读者参考。

---

## 【经典范本】××商场服务台寄包须知 ▶▶▶

### ××商场服务台寄包须知

尊敬的顾客：

欢迎光临本商场，本商场为您提供免费存包服务，存包请注意。

1. 请勿将现金、支票、票据、手机、摄像器材、首饰等贵重物品寄存在服务台。若有遗失，本商场概不负责，凡在服务台寄存的物品已视为无贵重物品。

2. 易燃、易爆等危险物品不予寄存。

3. 将物品交服务台后，服务台员工会交给您一经寄存牌。请于当晚23：00之前凭寄存牌领取您所寄存的物品。

4. 寄存牌为领取寄存物品唯一有效凭证，请妥善保管，遗失寄存牌请缴纳工本费10元。

5.如果您发现寄存牌遗失，请尽快到服务台挂失，如果由于您遗失寄存牌而引起物品遗失的，本商场概不负责。

6.如因商场自身原因、所寄物品的损坏或丢失，本商场将根据具体情况进行赔偿。

7.本商场员工物品不予寄存。

---

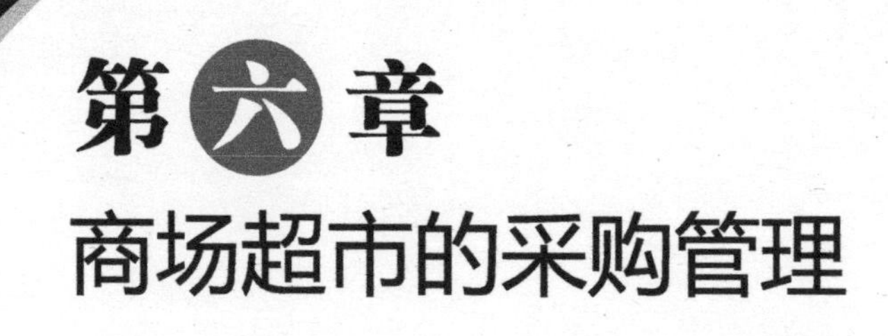

# 第六章 商场超市的采购管理

# 第一节 采购管理的认知

## 认知1：采购管理在商场超市经营中的意义

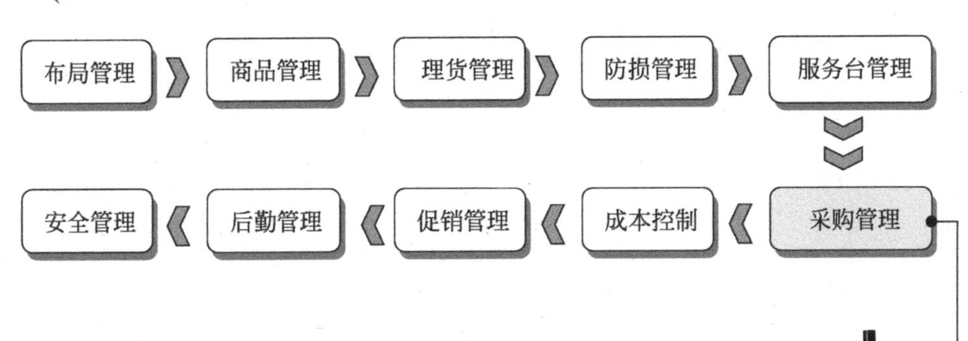


超市的商品采购是指超市向供应商购进商品的过程。超市的经营活动就是从供应商处采购来商品，再把商品卖给顾客，从中获利。因此，能采购好的、畅销的商品，就实现了销售的一半。做好商品采购及其管理工作是超市能正常经营的前提条件之一。

## 认知2：商场超市经营中采购管理的基本内容和重点

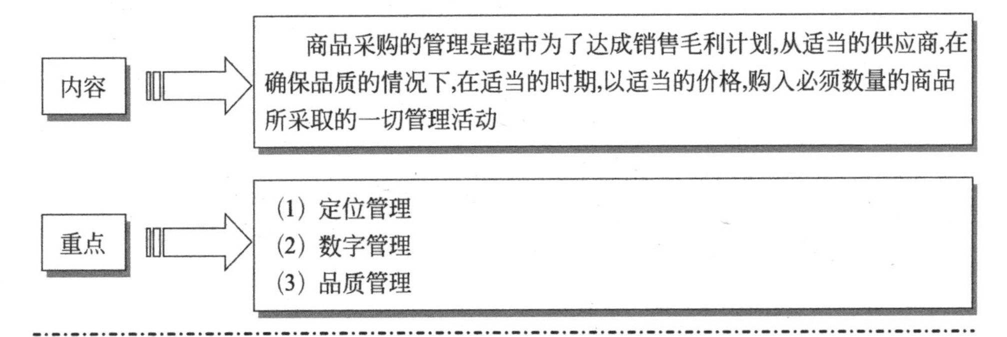


备注：

(1) 规定“各就各位”，以创造最佳的业绩。商品的位置好比商品的住址，如果能确实掌握及执行，对进、销、存管理及分析将大有益处。否则，商品将“居无定所”，不但影响订货、进货，更容易造成缺货，使顾客不满，进而导致销售分析的失真，而影响商品决策。所以采购人员对商品在卖场中的实际陈列位置，应随时加以了解。

(2) 商品是用以创造业绩和利润，因此商场（超市）内的商品必须是易卖又易赚钱的畅销品。最容易判断商品销售好坏的指标是销售量，通常在一定期间内（1～3个月）没有销售交易的商品即为滞销，应优先淘汰。

(3) 目前超市的经营品种均有食品、生鲜、果蔬等，其中食品类占很大的比重，所以品质好坏将影响到顾客健康及超市形象。

在食品采购方面，采购人员除应定期与不定期到分店或供应商处检查商品品质外，更应教育卖场人员了解商品知识，共同做好商品管理工作，以达到商品评估办法的规定。

## 认知3：商场（超市）采购商品的原则

商场（超市）的商品采购是一项日常性的经营活动，必须建立一套科学的管理制度来对其进行规范和约束，使其在确保商品质量的前提下，及时为商场（超市）采购到适销对路的商品，确保商场（超市）经营活动的持续进行。

商场（超市）的商品采购活动，应当遵循如下图所示的原则。

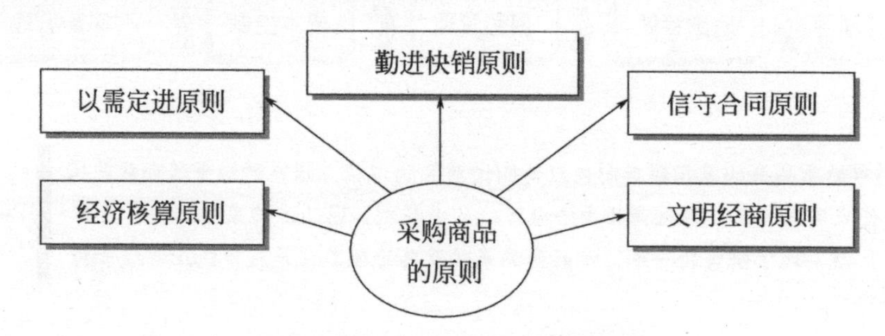


商场（超市）采购商品应遵循的原则

**1. 以需定进原则**

商场（超市）采购商品是为了把它们销售出去，满足顾客的消费需要，获得一定的收益。以需定进，就是要根据目标市场的需求情况来决定的进货，保证购进的商品适合目标消费者的需要，能够尽快地销售出去。

**2. 勤进快销原则**

勤进快销是加速资金周转、避免商品积压的前提条件，也是促进超级市场不断发展的一个根本性措施。商场（超市）必须利用自身有限的资金，来适应市场变化的需求，以勤进促快销，快销保勤进，力争以较少的资金占用，经营较多、较全的品种，加速商品周转，做活生意。

**3. 信守合同原则**

商场（超市）在采购活动中要信守合同，就是要保证合同的合法性、严肃性、有效性，更好地发挥经营合同在超级市场经营中的作用，树立超市企业的良好形象，协调好商场（超市）与商品供应者和商品需求者之间的相互关系，协调超级市场与信息服务企业、金融企业之间的关系，保证购销活动的顺利进行，促进超市企业的经营发展。

**4. 经济核算原则**

商场（超市）组织商品的进货和销售，涉及资金的合理运用，技术设备的充分利用，合理的商品储存、运输、人员安排等事项；购销差价包含着商场（超市）经营商品的费用、税金和利润三者之间的此消彼长的关系。因此，商场（超市）从进货开始，就要精打细算，加强经济核算，以保证获得最大的经济效益。

**5. 文明经商原则**

在市场经济条件下，商场（超市）要以为满足目标市场的需求为经营宗旨，以社会商业道德为规范，文明经商。通过不断改善物质技术设施，强化科学管理，提高服务质量，为购买者提供舒适的购买环境、方便的购买条件、丰富的商品品种以及优质的服务，来实现商场（超市）的社会功能。

# 第二节 常见问题解答

## 解答1：如何选择供应商

供应商是商场（超市）商品的供应方，做好供应商管理，为商场（超市）选择质量合格的供应商才能确保所选购的物品质量符合商场（超市）要求，从而避免采购到劣质产品，造成商场（超市）损失。

供应商选择的基本要求是质量、成本、价格并重。在这三者中：质量因素是最重要的，其次是成本与价格。

**1. 对特定的分类市场进行竞争分析**

在供应商开发的流程中，首先要对特定的分类市场进行竞争分析，要了解谁是市场的领导者？目前市场的发展趋势是怎样的？各大供应商在市场中的定位是怎样的？从而对潜在供应商有一个大概的了解。

**2. 建立初步的供应商数据库**

在这些分析的基础上，就可以建立初步的供应商数据库并做出相应的产品分类，如用品类、设备类等。

**3. 供应商调查**

接下来就是寻找潜在供应商了，也就是对其进行调查。经过对市场的仔细分析，采购人员可以通过各种公开信息和公开的渠道得到供应商的联系方式。而这些渠道包括现有资料、供应商的主动问询和介绍、专业媒体广告、互联网搜索等方式，调查工作可以使用“供应商调查表”进行。

**4. 对供应商进行现场考察**

通过供应商调查可以初步确定几家供应商，然后对其进行现场考察，考察要点如下。

（1）考察交货准确率、稳定性。

（2）考察是否愿意积极配合促销活动。

（3）考察期快速响应能力。

（4）现场考察应做好记录，记录在“现场考察记录表”中。

**5. 谈判**

现场考察后，商场（超市）可以基本上确定几家主要供应商，可以与其进行谈判，谈判基本内容如下图所示。

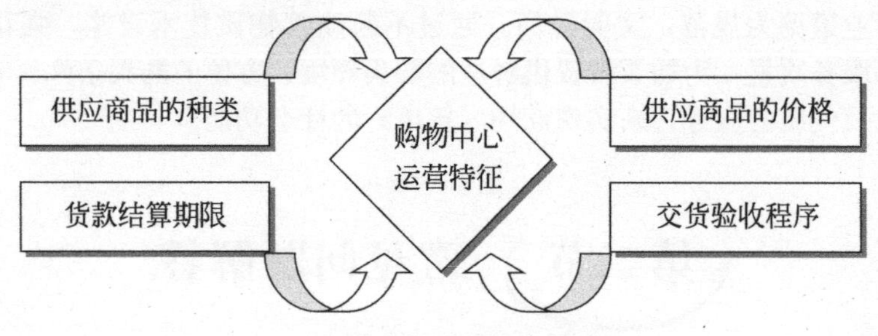


与供应商谈判的内容

**6. 签订供货合同**

经过以上各个步骤，商场（超市）就可以最终选定达成一致的供应商，并与其签订供货合同。

**7. 供货**

（1）合同签订后，供应商要按照合同要求准时、保质供货。

（2）商场（超市）则在约定的付款期限内付款。

## 解答 2：如何评价供应商

签订采购合同后，商场（超市）就应当安排供应商正式进场，开始商品的销售工作。

**1. 办理手续**

商场（超市）与供应商签订采购合同后，就应当办理供应商正式入场的手续。

（1）采购部持“供应商进场（合同）审批单”、及合同文本，到总经办盖章。

（2）总经办认真核对“供应商进场（合同）审批单”与合同文本的一致性，然后请店长在合同文本上签字后予以加盖公章。

（3）商场（超市）要将供应商及商品资料建档，录入系统。

**2. 安排货架**

商场（超市）要与供应商协商好陈列量，商场（超市）为供应商的商品腾出货架。

**3. 初次采购**

商场（超市）向供应商发送订单，进行初次采购。

**4. 收货**

供应商送货到店后，商场（超市）安排验收与收货，并做好储存工作。

**5. 陈列**

将供应商的商品陈列到预留的货架上，开始销售工作。

## 解答 3：如何与供应商沟通

供应商沟通就是定期或不定期与供应商进行交流，通过交流交换彼此的意见。沟通的状况，应当作为供应商的表现之一（而且是表现的重要内容），并将其纳入对供应商的监督、评价之中，作为评定其等级的条件。按下图所示的步骤操作，可加强与供应商的沟通管理。

建立沟通渠道

要进行双向沟通，首先必须有沟通渠道。而商场（超市）通常会规定这种沟通渠道，因此采购主管应该好好利用这些渠道

建立相应的沟通程序

为了使双向沟通更有效，商场（超市）和供应商都应建立相应的程序。而该程序应当规定定期沟通和不定期沟通的时间、条件、内容、沟通方式等，例如每月举行一次沟通会议等

拒绝沟通处理

对拒绝沟通或沟通不及时的供应商，则要让其限期改进。如果供应商不改进，就应考虑将其从“合格供应商名单”中除去

做好沟通记录

每次沟通都应当做好记录，要注意记录参与沟通的人员、沟通的内容、沟通需要解决的事项等

**与供应商沟通的步骤**

## 解答 4：如何激励供应商

供应商激励是指对供应商进行必要地激励，通过激励提高供应商供货的积极性。可以对供应商实施有效的激励，有利于增强供应商之间的适度竞争。这样可

以保持对供应商的动态管理，提高供应商的服务水平，降低商场（超市）采购的风险。

**1. 建立激励标准**

激励标准是对供应商实施激励的依据，商场（超市）制订对供应商的激励标准需要考虑以下因素。

(1) 商场（超市）采购商品的种类、数量、采购频率、货款的结算政策等。

(2) 供应商的供货能力，可以提供的物品种类、数量。

(3) 供应商的供货记录，可参考“供应商供货情况历史统计表”或“供应商交货状况一览表”。

**2. 选择激励方式**

按照实施激励的手段不同，可以把激励分为如下图所示的两大类。

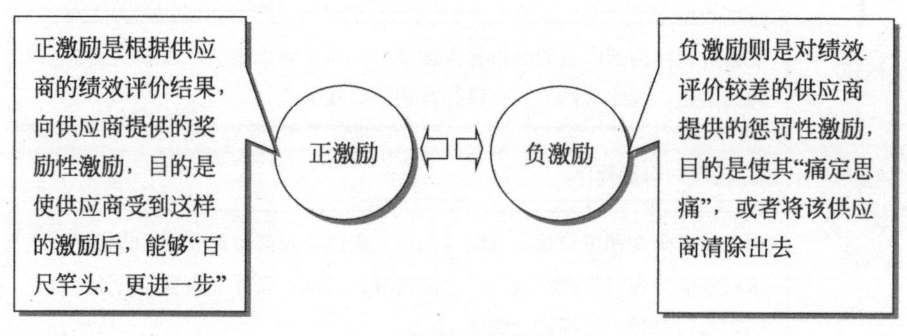


激励方式

**3. 检查激励效果**

实施激励之后，商场（超市）要采取一定的调查方法，对激励效果进行调查，以确认是否激励是否有效，如果激励效果不够好，则可以对激励的方式进行必要的调整。

## 解答5：如何管理供应商档案

要做好对供应商的管理，必须做好对档案的管理。档案包括供应商的基本资料，如公司名称、住址、电话、负责人、资本额、营业登记证字号、年营业额等，建立基本资料卡，并由电脑来存档并管理，以便随时查阅。其档案管理流程如下图所示。

当商场（超市）与供应商签订供货合同，并开始合作之后，就要建立供应商档案；商场（超市）应当为每个供应商设置一个独有的编码，以方便管理

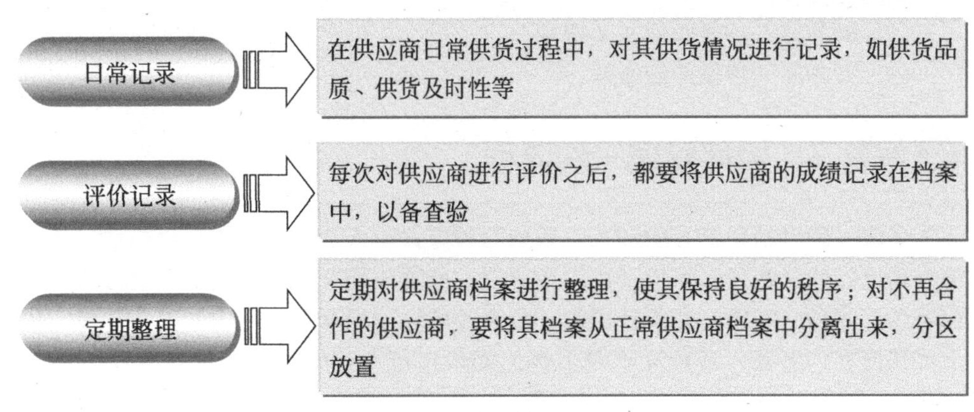


供应商档案管理流程

## 解答 6：如何淘汰供应商

供应商淘汰是指将不符合商场（超市）供货要求，丧失供货资格的供应商淘汰出场。其淘汰流程如下图所示。

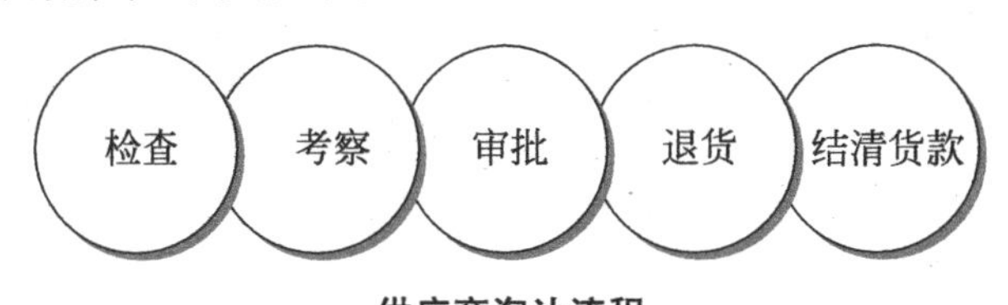


供应商淘汰流程

**1. 检查**

（1）采购部每周对已入场三个月的供应商进行一次检查，编制供应商销售排行榜。

（2）采购部列“供应商经营情况一览表”，内容包括编号、供应商名称、进场日期、品种数、平均日销、结款方式、库存金额等。

**2. 考察**

（1）采购部对供应商的供货情况及其商品销售情况进行考察，确定是否保留其供货资格，对不合格的供应商应取消其供货资格。

（2）采购部编制“供应商淘汰申请表”，交店长审核。

**3. 审批**

（1）店长审核通过，则确定该供应商被淘汰。

（2）采购部将该供应商资料订为不可订或不可进，并编制淘汰供应商名单。

**4. 退货**

（1）将商场（超市）内尚存的商品全部下架，集中起来，做退货处理。

（2）通知供应商前来取回退货。

**5. 结清货款**

(1) 财务部汇总并收取相关费用。

(2) 财务部结清供应商余款。

## 解答 7：如何管理采购流程

采购一般包括系统采购和人工采购两种方式。人工采购是指通过电话、传真等方式进行的采购。而系统采购是指通过一些零售商务软件实施的采购方式。一般来说，商场（超市）会安装用友、金蝶等软件公司开发的专用的商务软件，用于日常进货、出货、结算货款等工作。如果供应商也安装了同样的系统，商场（超市）就可以通过系统直接向供应商下达采购订单，供应商会按订单要求直接送货。

目前，具有一定规模的商场（超市）大都采取系统采购的方式进行采购，其流程如下图所示。

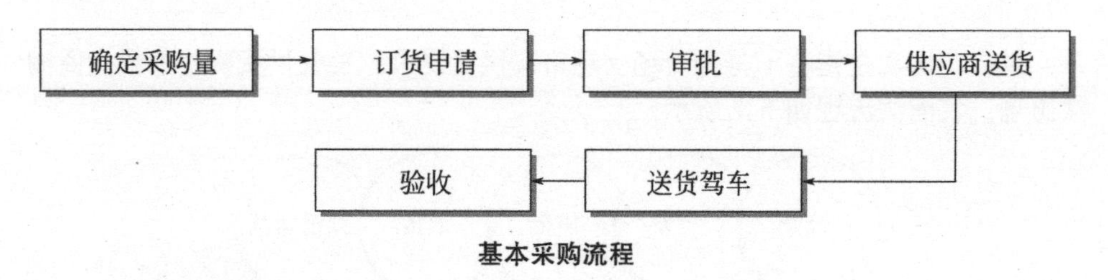


**基本采购流程**

**1. 确定采购量**

采购人员要先确认每次采购数量，应考虑以下因素。

(1) 商品销量。

(2) 实际库存，既要通过系统查询，也要到仓库核实数量。

(3) 促销的需要，如果有促销活动，可以扩大订购量。

**2. 订货申请**

(1) 确定数量后，采购人员通过系统提出采购申请。

(2) 可以将订单打印出来，做存档之用。

**3. 审批**

(1) 上级采购主管对采购申请进行审批。

(2) 审批通过后，则正式通过系统向供应商发送采购订单。

**4. 供应商送货**

供应商的系统接到订单后，按订单要求备货，送货。

**5. 送货驾车**

采购人员定期通过系统查询送货进度，如果进度显示为“在途”，则表明商品仍在途中。

**6. 验收**

供应商送货到店后，商场（超市）及时安排验收，并入库储存。

## 解答 8：如何采购特价商品

特价商品是指用于促销活动的采购，对商品的需求量往往非常大。其采购流程如下图所示 。

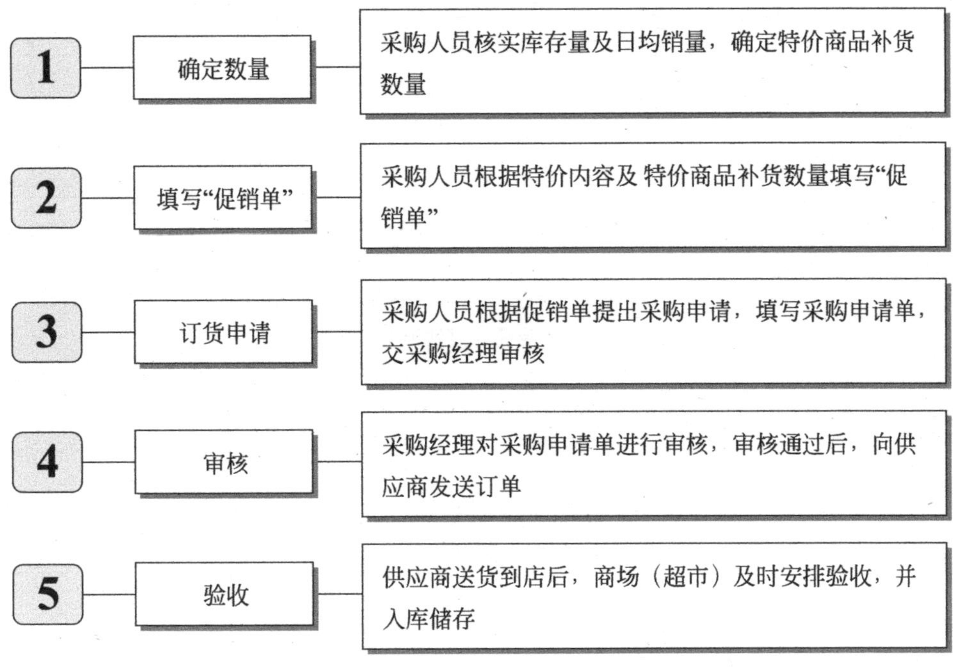


**特价商品采购流程**

## 解答 9：如何采购加急商品

加急商品是指销量很快，商场（超市）急需的各类商品，对加急商品的采购必须快速进行。其采购流程如下图所示。

填写“请货单”

理货员根据加急商品缺货情况填写“请货单”，要求填写清楚商品的名称、货号、数量、缺货原因后交给上级主管

上级主管审核

上级主管根据卖场内该商品的陈列货位的缺货情况和该商品的库存进行审核，并对缺货原因进行核实，同时在请货单上签字确认并标明加急字样

转交“请货单”

理货员将店长审批后的“请货单”交到采购部，由采购经理签字确认

发送采购订单

采购人员对“请货单”进行编辑后生成订单，并对其审核；采购人员向供应商发出采购订单

验收

供应商根据订单加急备货、送货；送货到店后，商场（超市）及时安排验收，并入库储存

加急商品的采购流程

## 解答10：如何验收商品

当供应商将商场（超市）采购的商品送到后，应将货物放置在规定的验收区域内，由商场（超市）开展验收作业，验收工作必须严格按标准进行，不合格的不予验收。

收货员先审核供应商原始出库单与采购订单的商品单价与箱容是否一致，如果单价与箱容不一致，由验货员手工在订单上修改，如送货量未达到订货量的50%，由采购确认是否收货。

收货员、理货员、供应商三方按验收标准逐一验收，验收标准如下图所示。

1. 收货验收时，禁止同时验收几家的商品，要逐家、逐件、逐品，一次性验收完一张订单所有订购的商品
2. 认真核对订单上所开列的商品品名、规格、条码与实物是否相符
3. 认真验收商品数量，对整件商品开箱验货，散件细查，散货过秤核斤
4. 认真核查商品规格，订单上的规格与实物规格是否一致，有无以小充大现象
5. 对变质、破损、顶期或已过保质期的商品拒收

验收标准

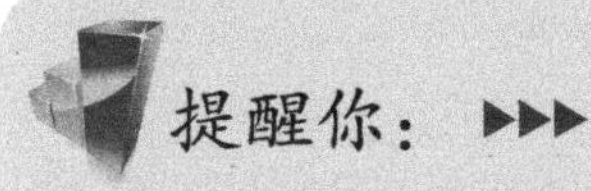

验收是商场（超市）的一项常规工作，商场（超市）应当制订相应的商品入库标准和验收管理制度来对验收工作进行规范，使员工按照标准和制度要求实施验收作业。

## 解答11：如何储存商品

通过验收后的商品，应立即进行储存，储存基本要求如下。

（1）仓储空间极大化（立体空间的运用）。

（2）具有通风、光线、湿度、温度等保存商品的条件。

（3）安全性的考虑（防水、防震、防火、防窃等）。

（4）减少装卸空间，增加储存空间。

（5）易于“先进先出”的存取方式。

一般商品在储存时应注意下图所示的事项。

1 陈列时，不得与墙壁接触，须留有5厘米的间隙

2 体积大、重量重的商品应置于底层，轻薄短小的商品则可置于上层，以防压碎商品

3 轻薄短小的商品，应置于大体积、大重量的商品前面

**一般商品储存的注意事项**

需冷藏商品在储存时应注意下图所示的事项。

1 蔬菜冷藏库的温度应维持在5℃

2 库内须铺放卡板，以堆积物品，防止第二次污染。堆积时，要离库体的墙面5厘米以上，以维持冷气循环正常

3 以十字交叉法堆积原料并预留空隙，使冷风能吹到原料箱

4 作业完毕后应熄灭库内灯光

**需冷藏商品储存的注意事项**

## 解答12：如何做好储存检查

储存工作结束后，还要定期进行检查，以确保所有储存的商品都处于正常状态，从而避免给商场（超市）造成损耗。

实施检查时应注意下图所示的注意事项。

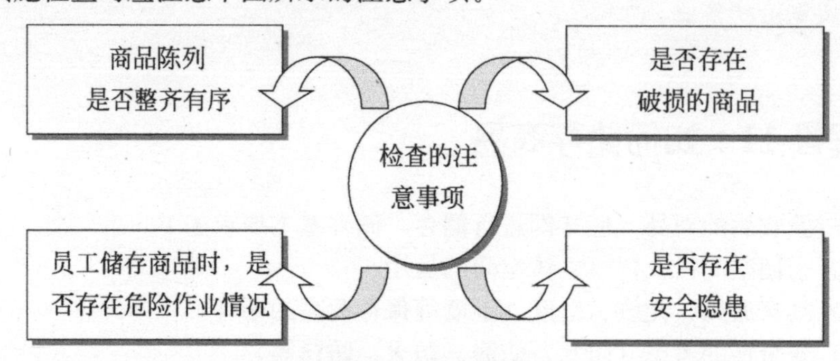


**实施检查时应注意的事项**

## 解答13：如何做好退货管理

当商场（超市）发现采购的商品不符合质量要求，但又不愿意换货之后，可以进行退货处理，将商品退回给供应商。

一般来说，符合以下标准的商品应予以退货。

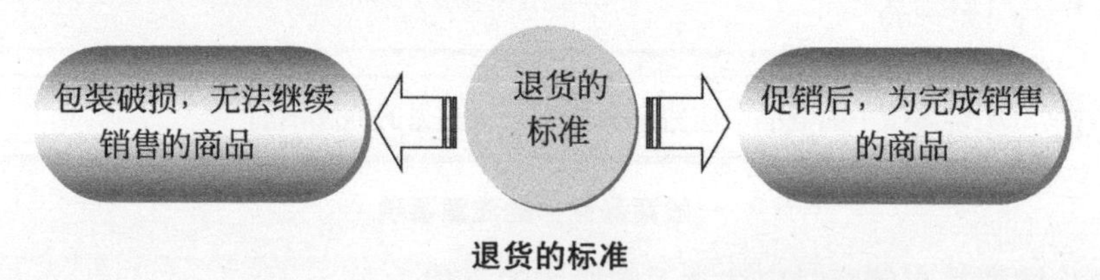


**退货的标准**

退货前，商场（超市）应与供应商协商好需退货的情况，并按下列流程操作。

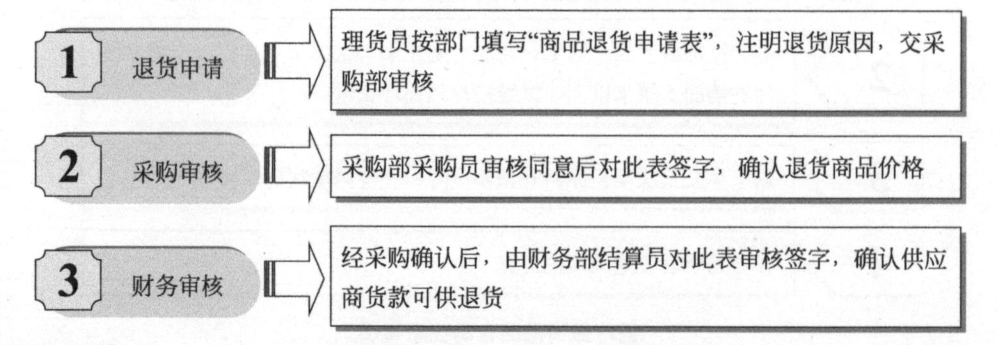

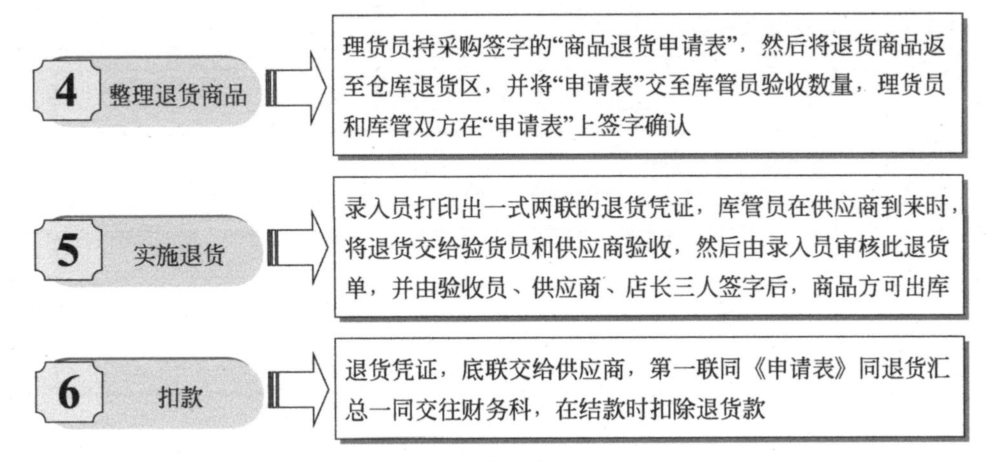


退货流程

## 解答14：如何做好换货管理

当商场（超市）发现采购的商品质量不符，但又急需将其用于日常销售工作中时，可以要求供应商进行换货，以省去重新进货的手续。

**1. 填写“换货单”**

（1）依据商场（超市）的换货标准确定换货，由理货员对退货进行整理。

（2）理货员填写“换货单”，写明需换货商品的品名、规格、数量等。

**2. 签字确认**

理货员将“换货单”，连同换货商品转至库房退货区，库管员、理货员双方验货签字确认。

**3. 换货**

（1）供应商送货时，收货部要求供应商带来相同品种、规格、数量的新品。

（2）如能带来相同的商品，则进行一对一的兑换。

（3）如不能当时兑换，供应商须先拿走商品，待下次送货时送来换货商品。

（4）换货时，须填至商品换货登记表，供应商须签字确认。

## 解答15：如何做好盘点管理

为了控制存货、掌握真实的经营绩效，并尽早采取防漏措施，商场（超市）都要进行盘点。

在正式盘点前，要做好相关准备工作，具体要求如下图所示。

准备工作完成后，就要试试盘点。一般来说，陈列区和库存区的盘点工作会同时进行，分别安排两组人员进行。

制订盘点计划

盘点前应仔细制订盘点计划，明确盘点时间、区域、盘点人员等

盘点前的清理工作

（1）陈列区的清理：全部的零星散货归入正常的陈列货架；检查所有的价格标签是否正确无误；库存区必须全部处于封库状态

（2）库存区的清理：清理库存区的空纸箱；收货部的退货区域严格与其他存货区域分开；库存区所有商品必须封箱，无散货

盘点培训

为使盘点工作顺利进行，每当仓库进行盘点时，商场（超市）必须抽调人手增援。对于从各部门抽调来的人手，必须加以组织分配，并进行短期的培训，包括商品知识培训、盘点方法的培训、盘点注意事项的培训

准备盘点工具

盘点所需要用到的磅秤、台秤等仪器必须事前检查仔细，必要时进行校正，使其保持正常运转；准备好盘点时使用的计量用具以及盘点票、盘点记录表等单据

**盘点前的准备工作**

**1. 设置盘点指挥小组**

盘点指挥小组应由店长、副店长以及各部门经理、主管组成，主要负责全面监控盘点的开展，随时处理盘点中发现的问题。

**2. 人员报到**

盘点人员在规定的盘点时间内报到。

**3. 发盘点表**

盘点人员以货架为单位，放置盘点表，一个货架一张盘点表。

**4. 进行初步盘点**

（1）库存区盘点

① 库存区盘点是两人一组进行盘点。两个人进行点数，如果所点的数字一样，则将此数字登记在盘点表规定的位置上；如果两人的点数不一致，必须重新点数，直至相同。

② 所有未拆的原包装箱不用拆箱盘点，所有非原包装箱或已经开封的包装箱必须打开盘点。

③ 盘点冷冻、冷藏库前，必须关闭制冷设施，人员着防护棉衣进行盘点。

(2) 陈列区盘点

① 本区域的散货，盘点人员发现后，应将其送往其陈列区域。

② 所有明确标示“不盘点”和贴有“赠品”、“自用品”的物品一律不盘点。

**5. 防损部抽查**

初步盘点结束后，由防损部进行抽点，以确认初步盘点是否正确。

**6. 盘点后处理**

盘点工作结束后，要回收所有盘点表，并暂时封存仓库。

下面提供一份××超市商品盘点管理制度的经典范本，供读者参考。

---

## 【经典范本】××超市商品盘点管理制度 ▸▸▸

### ××超市商品盘点管理制度

1. 目的

为规范本超市商品盘点，特制订本制度。

2. 适用范围

本制度适用于商品盘点管理。

3. 管理内容

3.1　商品盘点是对商品实物数量和金额的清点和核对。

3.2　商品盘点的方法。

3.2.1　定期盘点是在月终、季末、年底这些固定日期所进行的盘点。

3.2.2　临时盘点是在商品变价、工作交接、人员调动时进行的盘点。

3.2.3　全盘点是对柜组全部商品逐一盘点。

3.2.4　部分盘点是对有关商品的库存进行盘点。

一般来说，对于价格高、体积大、品种单一的商品，如金银首饰、电视机、电冰箱等商品应该每天盘点；对于价格低、体积小、交易频繁、品种众多的商品，则应该每月盘点。

3.3　为了提高商品盘点工作的质量，应做好以下工作。

3.3.1　加强商品的日常管理。商品摆布、陈列要有固定货位，同类商品不同规格要有序堆放，避免串号、混同等。

3.3.2　做好盘点的准备工作主要是做到“三清”、“两符”。“三清”即票证数清，现金点清，往来手续结清；“两符”即账账（即部门账目和柜组账目）相符，账单（即账目与有关单据）相符。

3.3.3　采用先进的盘点方法。一般可采用复式平行盘点法，即组织两套班子平行盘点，互相核对复查的盘点方法。

---

# 第七章 商场超市的成本控制

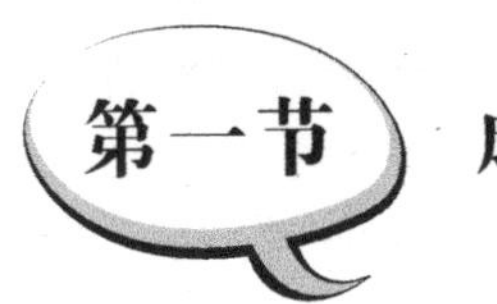


# 第一节 成本控制的认知

## 认知1：成本控制在商场超市经营中的意见

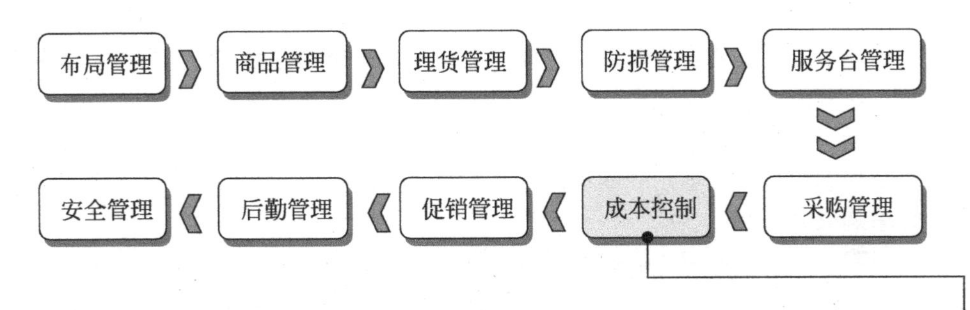


信息时代的企业成本控制不仅意味着尽可能地节省企业内部经营的各项费用，还意味着对企业业务流程进行重组，注重利用外部资源，实施有效的供应链管理，建立顾客快速反应系统，实现零库存管理。

## 认知2：商场超市经营中成本控制的概念和存在的问题

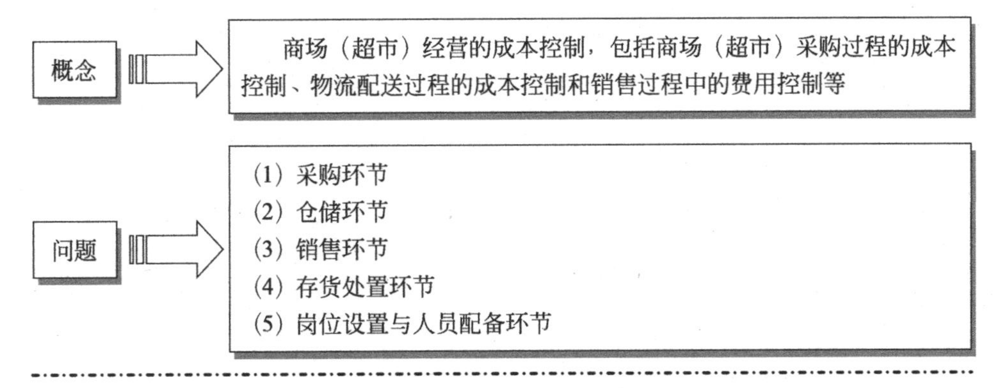


备注：

(1) 由于采购计划执行不力，造成等待浪费；供应商选择不当，采购模式不合理，导致采购物资质次价高；采购验收不规范，付款审核不严，导致商品、资金、信誉受损；缺乏内部控制制度，造成采购成本的增加。

(2) 由于内部控制制度不健全，导致成本增加；存货管理思想落后，导致存货损失；存货盘点存在漏洞，导致资产和利润虚增；存货内部控制考评机制不够完善，导致存货管理混乱。

(3) 没有掌握风险控制的主动权，造成货款难以收回的风险；对内销的范围、审批权限不明确，为回笼资金带来风险；激励与约束机制不健全，导致销售费用失控。

（4）管理者缺位，导致在库产品监管虚位；主管部门监管乏力，导致使用者越位；内控制度结构失衡，导致管理者错位。

（5）岗位培训制度不完善，不利于员工的素质提高；在人员合理流动上缺乏应有的管理制度，造成人才流失。

## 认知 3：商场（超市）成本控制的管理办法

作为超市的运营者，争取最大的利润空间才是追求的目标。坚持成本的控制和管理，比其他同类企业更低的成本和价格牢牢地吸引着消费者，创造出巨大的商机和市场，是商场（超市）“盈利”的有力支撑。通过以下三个方面的管理，可以有效控制商场（超市）的成本。

**1. 采购成本控制**

在采购过程中，如何才能做到以尽量低的成本引进商品至关重要。当采购人员要引进一种商品或商家向其推荐某种新产品时，必须对该商品的市场状况有较深的了解，包括商品在该市场的销售情况、市场价格、竞争企业是否有经营该商品以及该地消费者的消费习惯等。

其次，价格会经常随着季节、市场供求情况而变动，采购人员应注意价格变动的规律，把握好采购时机。一个企业的采购管理要达到一定水平，应充分注意对采购市场的调查和信息的收集、整理；对供应商的产品成本或服务状况要有所来了解，只有这样，才能充分了解市场的状况和价格的走势，才能在价格谈判中使自己处于有利地位。

**2. 管理成本控制**

管理成本包括办公费用、人员费用、物业管理及相关设备费用等成本，它贯穿整个公司的运作。一方面，要号召员工具有节约意识，杜绝不必要的浪费。另一方面，要重视人事成本的管理，要求管理决策部门对门店各个岗位的工作量及工作性质要十分了解，这样才能做到在不影响工作质量的前提下尽可能节省人事成本。

根据门店实际情况采取一人多岗的制度，适当做出人员调整，在强调互助外，由于利益驱使，也能使得员工间互相学习，互相监督，更加熟悉商品特性及价格，那么，顾客在购物时多了一个向导，使得整体的购物软环境得以提升。

**3. 营运成本控制**

商场（超市）要有自己的配送中心，进行统一配送，这样才能提高商场（超市）物流系统整体的配送效率。要制订合理的配送路线，有效降低运输费用，有效地使用资金。

另外，门店选址要慎重考虑，除了对市场容量、市场定位、人口分布以及人口消费习惯等的综合分析外，企业必须根据自身特色去选择店址。以居民为主体顾客群的选址就要考虑交通、停车等方面的因素，最大限度地扩大商场（超市）的辐射圈，同时降低营运成本。

各门店应该根据其自身情况和市场情况，扬长避短，合理降低成本，从而增加盈利。关注销售的同时，不容忽视成本的核算与控制，双管齐下，才能做大做强商场（超市）。

## 第二节 常见问题解答

### 解答1：如何做好收银管理

收银员在收银过程中应做好招呼顾客、为顾客做结账服务、为顾客做商品装袋服务等，确保收银作业顺利完成。

**1. 招呼顾客**

顾客来到收银台后，要及时向顾客打招呼。

**2. 为顾客做结账服务**

对商品进行逐件扫描，汇总商品总款，接受顾客付款，然后找零。

**3. 为顾客做商品装袋服务**

为需要装袋的顾客将商品装袋，装袋时要注意将较重、较大的商品放在下面，较轻、较小的商品放在上面。

**4. 做好特殊收银作业处理**

做好特殊收银作业处理，具体内容如下图所示。

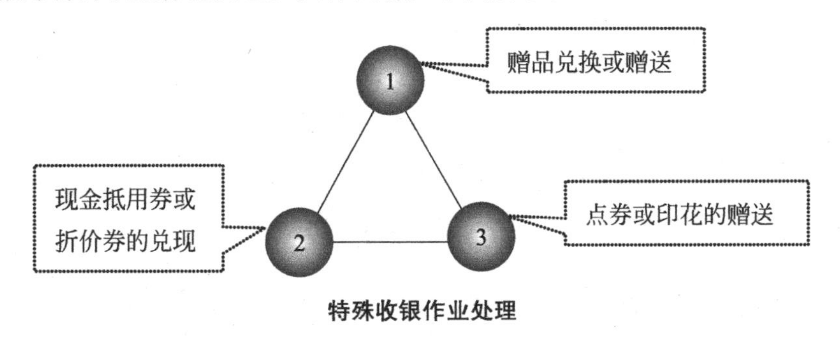


特殊收银作业处理

**5. 整理顾客不要商品**

整理顾客临时不要的商品，通知服务台，让各相关部门前来取走各自的商品。

**6. 交接班**

收银员进行交班结算作业，向接班的收银员交代清楚各类事项。并在交接班前对收银台及周围环境进行清洁。

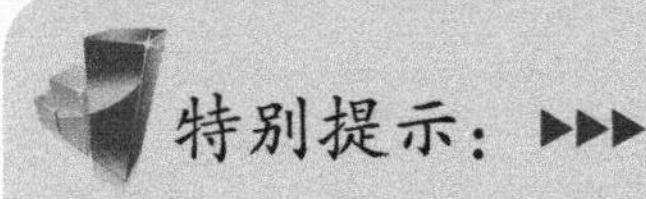

如果结账的顾客是年龄很大、听力不好的老人，收银员在收款、找零时应唱收唱付，以便使顾客听得清楚。

## 解答2：如何控制收银作业

收银作业关系到现金的收入，做好收银作业控制，才能确保所有现金准确收入到商场账户里，其管控流程如下。

**1. 制定收银制度**

商场可以制订好收银制度，以此来规范收银员的工作。制度基本内容如下图所示。

1 收银员应确保收银程序的规范化、标准化，提高收银速度和准确性

2 保证充足的零钱，确保金库和现金的安全

3 确保顾客所购的每一件商品均已收银，不得遗漏

4 现金不符，缺款由收银员负责，多余款项应先查明来源，如果不能查清应归公司所有

5 任何店员不能挪用借用营业款

6 熟悉业务，提高识别假钞的能力，拒绝收取残币、假币

**收银制度的内容**

**2. 收银操作控制**

收银员在收银操作时，要按下图所示的要求进行。

**3. 收银异常处理**

收银产生差异的原因可能是顾客没有接收零钱，收银员算错账，收银员盗窃收银现款或者是收到假钞。如果收银员没有合理的解释，则需要其做出书面解释，对于违反收银规定的收银员必须依店内制度进行警告或罚款处理。

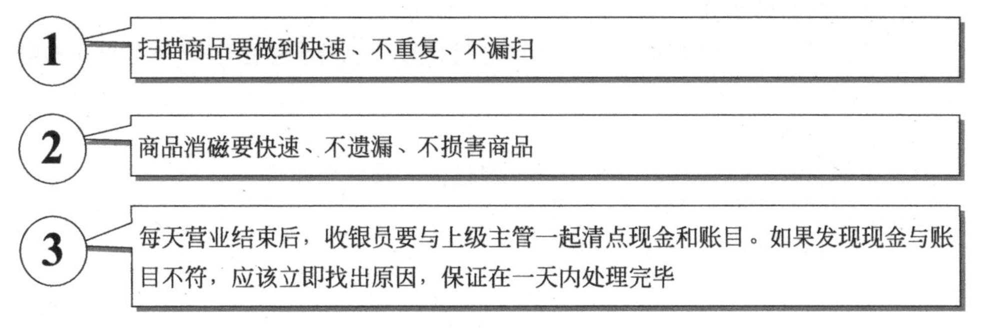


收银操作要求

## 解答3：如何控制人员成本

在商场（超市）经营中，租金、商品费用等成本相对固定，而人员的工资及提成奖金等占销售管理费用较大比例，商场应控制人员成本。其控制措施如下图所示。

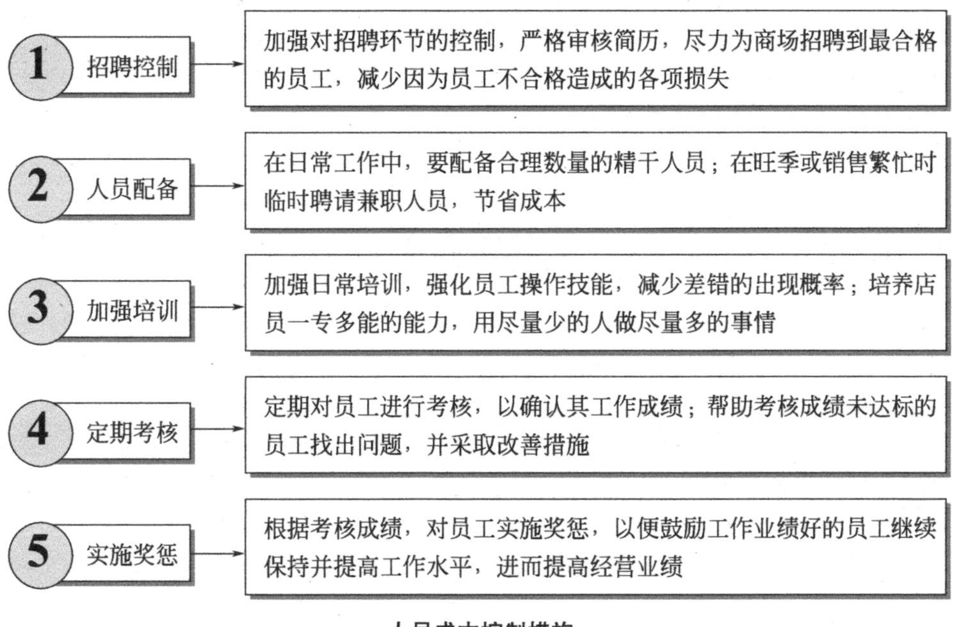


人员成本控制措施

## 解答4：如何控制水电费用和其他杂费

水电费用和杂费占据着商场日常经营成本的一个重要部分，商场应当制订控制计划，严格控制这些费用的超支。

**1. 考察现有消耗量**

以年度或季度为周期，考察现有水电费数额，以及导致水电费开支的各种项目，做好记录。

**2. 制订控制计划**

商场要制订控制计划，内容包括控制目标、预计花费等。

**3. 执行控制计划**

执行控制计划应采取以下措施。

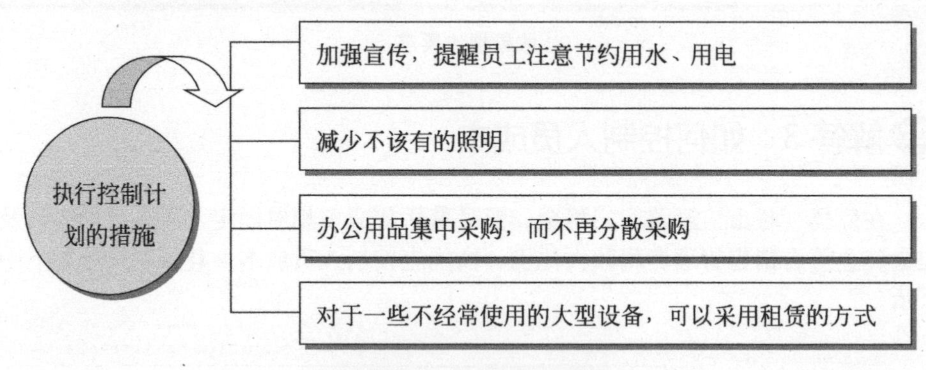


**执行控制计划应采取的措施**

**4. 考核**

定期对控制计划的执行情况进行考核，发现不合规范的地方及时进行改善。

## 解答5：如何控制广告及促销费用

开展广告和促销活动必然会产生各项费用，如广告费、促销用品费用等，这些费用是商场的必要开支，商场必须严格做好对其控制工作。

**1. 制订并执行广告及促销计划**

商场（超市）必须制订并执行广告及促销计划，做好广告及促销费用、必备物品、日杂用品等安排。

**2. 实施领用责任制**

对广告及促销用品的领用严格实施责任制，即谁领用谁负责，出现丢失要照价赔偿。

**3. 采取控制措施**

对广告及促销费用可采取如下图所示的控制措施。

**4. 定期总结经验教训**

每次广告及促销活动结束后，都要总结经验教训，尤其是对一些有益的经验，要及时记录，以便应用于下次活动中。

1. 在确定广告宣传计划时，要根据媒体的读者定位、发行量等因素来精心挑选适合的广告载体

2. 有些广告促销用品要反复地利用，或者亲手来制作，以节约费用

3. 对一些促销海报，可以采用亲手绘制的方法来节约费用

4. 促销费用更要精打细算。如采用加量促销方法时，加量多了会收不回成本，而加量少了对顾客又没有吸引力，所以应该计算出最合适的加量比例，否则多了少了都会是浪费

**广告及促销费用的控制措施**

## 解答 6：如何控制应收账款

商场在日常经营过程中，可能会产生一些应收账款，必须做好对其管理工作，确保所有账款都能按时收回。

其控制流程如下图所示。

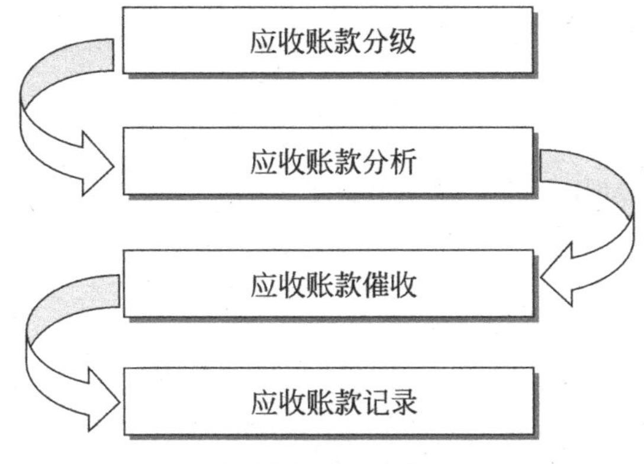


**控制应收账款的流程**

**1. 应收账款分级**

商场应将应收账款按照严重性程度划分为不同的等级，具体内容如下图所示。

**2. 应收账款分析**

商场可以制作一份“应收账款控制表”和“应收账款分析表”，以此为依据，对应收账款进行分析，确认其属于哪个等级。

**3. 应收账款催收**

根据分析得出的结果，对不同等级的账款进行催收。为提升催收效果，商场可以制订奖励措施，以便对催收成绩优秀的人员进行奖励。

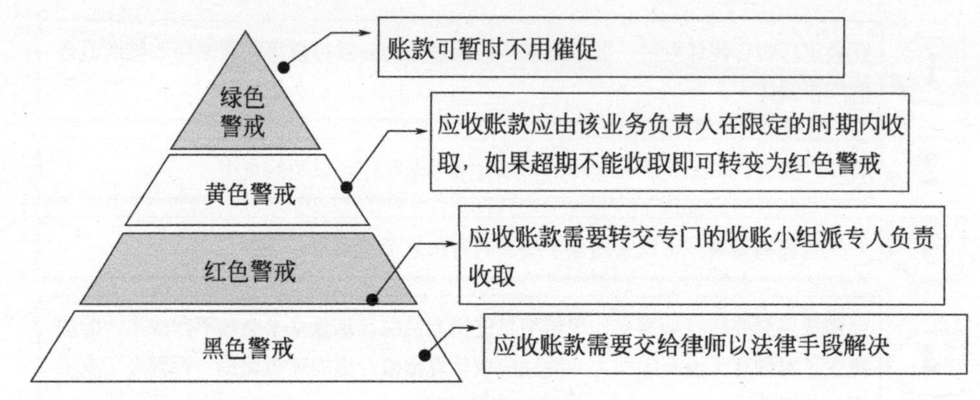


**应收账款的等级**

**4. 应收账款记录**

对应收账款的分析、催收等工作都应做好记录。

## 解答 7：如何控制不合理损耗

商品在管理过程中，存在着许多不合理损耗，各级人员必须采取各种措施，减少不合理损耗的出现概率。其控制措施如下图所示。

|  |  |
| --- | --- |
| 收货控制 | 有些商品很可能会在运输的过程中损耗，所以收货人员要严格地按照程序来验收货物，不要让破损的货物进入卖场 |
| 储存控制 | 根据商品的特质来做好储存控制工作，避免不合理的损耗，如食盐类产品怕潮湿，因此不要靠近地面存放或者靠近生鲜的冷冻食品 |
| 陈列控制 | 商品在店面陈列的过程中，由于陈列的方法不当也会引起商品的损耗，如堆头摆放不结实而引起倒塌，损坏商品，或容易被过往顾客的推车碰撞而损坏等，因此要科学合理地陈列商品 |
| 销售控制 | 当商品接近保质期时，要果断降价促销，以避免商品过期造成的损失 |

**对不合理损耗的控制措施**

特别提示：

销售快过期的商品时，应当提醒顾客过期的实际日期，以避免顾客在保质期结束之后使用或食用商品，造成不必要的问题。

## 解答 8：如何控制生鲜商品损耗

生鲜损耗主要是从订货、采购、收货、搬运、库存、加工、陈列、变价、单据、盘点等环节进行控制。其具体控制措施如下表所示。

**生鲜商品损耗控制措施**

| 控制节点 | 控制措施 |
| --- | --- |
| 订货损耗的控制 | (1)合理科学地制订要货计划。订货原则是以销量来制订,也就是预估明天销多少,就订多少,再加上安全库存减去当日库存即可<br>(2)非加工类商品全面推行订货周表,要求商场(超市)严格按上周销量制订本周的订货;同时对类别单品库存进行严格规定,不同的类别库存单品只允许造几天的要货计划,控制不合理的要货计划带来的商品损耗<br>(3)加工类商品全面推行生产计划表,要求由组长根据上周同期的销量计划本周的生产单品及数量 |
| 采购损耗的控制 | (1)建立自采商品反馈机制,对自采商品的质量、含冰量进行质量<br>(2)建立类别采购损耗标准,严格考核采购损耗<br>(3)提升采购的专业技能与谈判技巧,确保商品质量与价格 |
| 收货损耗的控制 | (1)建立类别生鲜收货标准<br>(2)验收者必须具备专业验收经验,强化验收人员验收水平<br>(3)按商品特性进行先后次序验收(如鲜鱼、冻品等)<br>(4)对直送商品、配送商品严格进行净重量验收 |
| 搬运损耗的控制 | (1)搬运时一定要轻拿轻放<br>(2)在搬运过程要更加留意,避免堆叠太高或方式不对,造成外箱支撑不住的压损或粗糙的搬运引起商品掉下的损耗 |
| 库存损耗的控制 | (1)推行使用库存管理卡,商品入库要标明日期,无论用书写方式或以颜色区分,外箱都必须标示入库日期<br>(2)取货必须遵守先进先出原则,也就是日期久的要先使用<br>(3)生鲜商品堆放要分类,便于货物寻找 |
| 加工损耗的控制 | (1)加工作业必须遵守加工作业标准(生产计划表+食谱卡+工艺流程+边角料的处理)<br>(2)在蔬果部分,如进行水果拼盘和制作果酱等作业<br>(3)在精肉部分,如注重分割下刀部位、切割形状、切割厚度等作业<br>(4)在熟食部分,如按食谱卡进行标准作业,注重原料的使用量和烹调的时间等作业,及时将变色商品进行切制与制作盒饭作业等 |
| 陈列损耗的控制 | 实施陈列标准化:<br>(1)陈列标准数量的确定,排面陈列标准<br>(2)上货流程化,规定上货次数及要点 |
| 变价损耗的控制 | (1)填写变价跟踪表;所有折价商品都必须填写手工折价表,通过手工记录特价码是由哪些单品组成,其销售量和销售单价分别是多少,通过手工表了解真实的变价损耗<br>(2)规范变价权限<br>(3)变价后的商品跟踪 |

续表

| 控制节点 | 控制措施 |
| --- | --- |
| 单据损耗的控制 | 规范填写各项单据：<br>(2)注意公斤与斤的价格<br>(3)注意入库的供应商代码、税率、部门、收货数量、单位的填写等<br>(4)注意在盘点前及时处理好各种单据(入库单、配送单、返厂单、返仓单、调拨单、报损单等)<br>(5)注意调拨的数量、调拨的部门与商品编码等 |
| 盘点损耗的控制 | (1)做好盘点前的培训,提高员工责任心<br>(2)盘点前仓库分类整理到位,避免甲、乙商品混盘<br>(3)核对盘点单位与电脑单位是否一致<br>(4)数字或输单的错误<br>(5)加强对盘点结果的稽核,防止虚盘 |

## 解答9：如何控制非生鲜商品大类损耗

商场（超市）商品的损耗可从商品流程、岗位、商品大类三个方面来进行控制。商场（超市）防损部通过对盘点、日盘点的数据进行仔细的分析，找到造成商品大类损耗最关键的问题所在，确定问题到底是出在内外盗控制、还是收货、收银或者商品管理、盘点等环节上面，抓住这些主要问题然后参照以下提供的控制措施有针对性地进行整改和防范。

**1. 收货控制**

收货时的控制措施如下图所示。

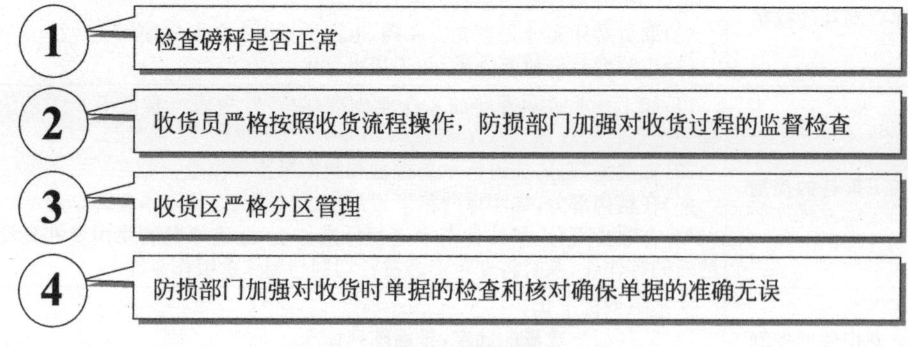


**收货时的控制措施**

**2. 退货控制**

防损部门加强对退换货单据的核对。退换货商品应及时的拿出卖场集中存放，退换货一律在收货口进行。

**3. 赠品控制**

对赠品的控制措施如下图所示。

1. 收货部门在赠品的收货过程中应仔细清点赠品的数量，并做好登记
2. 赠品条必须在收货课粘贴好，经防损部门检查后方可进入卖场，严禁促销员私存赠品条
3. 理货员、促销员要妥善保管好赠品，赠品原则上与商品进行捆绑销售
4. 商品部门应提前告之收银部门发放商品的名称和数量

**赠品的控制措施**

**4. 出库控制**

对出库的控制措施如下图所示。

1. 大宗业务的出库商品应根据出库商品的编码、数量、规格确认后经防损员核验后方可出门
2. 防损员在办理出库时应严格监控核对出库商品和随行单据的编码、数量、品名、规格正确填写无误后留存一联方可放行
3. 出库商品办理出库手续后应立即出门，不得寄存卖场内

**出库的控制措施**

**5. 收银控制**

对收银的控制措施如下图所示。

1. 收银员发现顾客手上有商品未交扫描时应礼貌地询问顾客是否买单
2. 对有赠品的商品应认真的核对赠品的数量、规格是否相符
3. 对不能扫码的商品应及时的通知部门主管与店面联系立即处理并耐心的为顾客解释
4. 对商品进行例行防盗检查

**收银的控制措施**

**6. 盘点控制**

对盘点的控制措施如下图所示。

1 盘点前将仓库、非牌面商品按要求分类整理好，对新员工进行培训和商品熟悉

2 对收银员的输单和信息员的录入过程进行监督。对调整较大的单品重点稽核

**盘点的控制措施**

## 解答 10：如何通过商品细分做好损耗控制

商品损耗是每个商场（超市）管理人员非常头疼的问题，便衣整天在楼面巡视，每个出入口都有专门的人员值守，各种监控和防盗报警设备都投入进去了，但是每次盘点损耗还是很大。

所以，应该不断在工作中总结经验、弥补不足，完善损耗管理体系。业内盘点损耗率一般在1%以上，但是损耗控制体系比较完善的商场（超市）则可以降到0.5%以下，所以完善损耗控制体系，对于提升门店利润是非常有益的。

卖场中的商品数量繁多，不同的商品又具有不同的特点，如果不加以区分的实行控制措施，则不仅会浪费人力物力，还会导致效率低下。

所以，仔细分析这些特点，制订相应的损耗控制措施，可以更高效的做好损耗控制。

比如，生鲜的商品早上购买的比较多，所以早上重点在生鲜区域巡视；化妆品不易使用防盗标签，就必须保证镜头覆盖和人员定岗；散称的商品容易被偷吃，一方面保证人员定岗服务，另一方面可以制作一些不准试吃的提示牌等。

那么，针对具体商品的特点，该采取什么样的相应控制措施呢？具体措施情况如下。

**1. 化妆品、护肤品、高单价巧克力、汽车用品和五金器件等**

这类商品是在商场中被盗窃频率最高的商品，损耗比较大。此类商品的特点如下。

（1）此类商品一般价格比较高、体积比较小。

（2）此类商品比较难以加贴防盗标签，及时加上后比较容易被取下。

（3）此类商品的厂家一般会有驻超市的促销员。

（4）此类商品一般有外包装，但是外包装容易除去，顾客一般会将包装去除后将商品带走。

（5）顾客一般是抱着赚小便宜的心理偷盗此类商品。

对此类商品的损耗控制措施如下图所示。

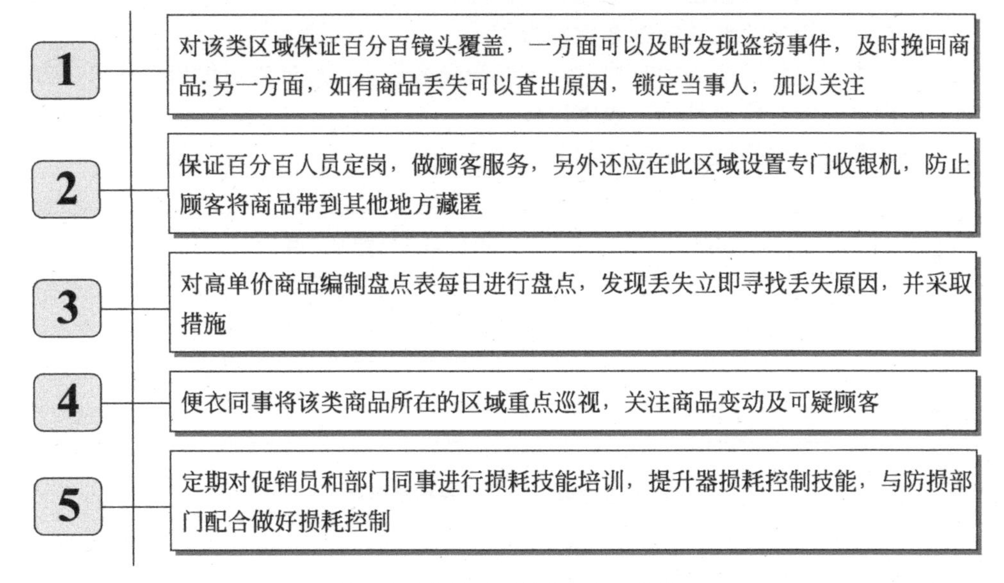


被盗频率较高商品的损耗控制措施

**2. 奶粉、酒类等大件昂贵商品**

这类商品也是经常会被盗窃的商品，而且由于价格高，所以发生失窃事件会对超市造成重大损失。此类商品的特点如下。

（1）大件商品比较容易使用防盗器材。

（2）一般供应商会有促销员在场。

（3）该类商品一般被团伙盗窃的概率比较大。

对此类商品的损耗控制措施如下图所示。

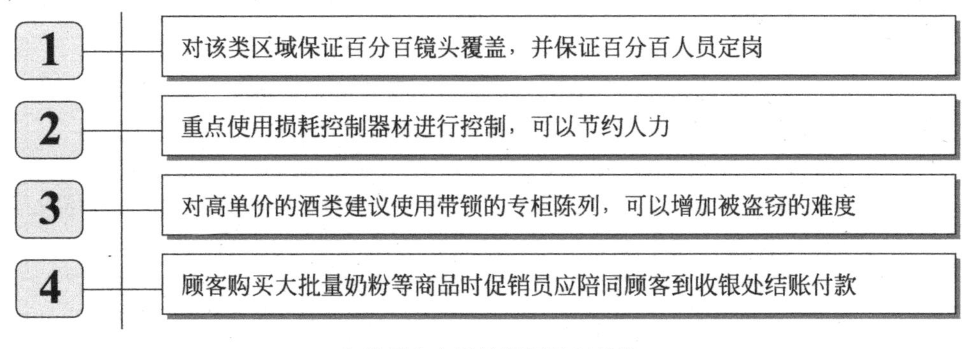


大件昂贵商品的损耗控制措施

**3. 鱼肉等生鲜商品**

此类商品虽然价格比较低，但是由于流通量比较大，所以被盗的损失还是比较大的。此类商品的特点如下。

（1）一般在早上十点之前购买的比较多。

（2）生鲜商品无法使用防盗标签进行控制。

（3）一般以贪小便宜的顾客盗窃为主。

（4）由于生鲜商品需要打秤，一方面为顾客偷换打秤标签提供机会，另一方面也为内外勾结打低商品价格提供机会。

对此类商品的损耗控制措施如下。

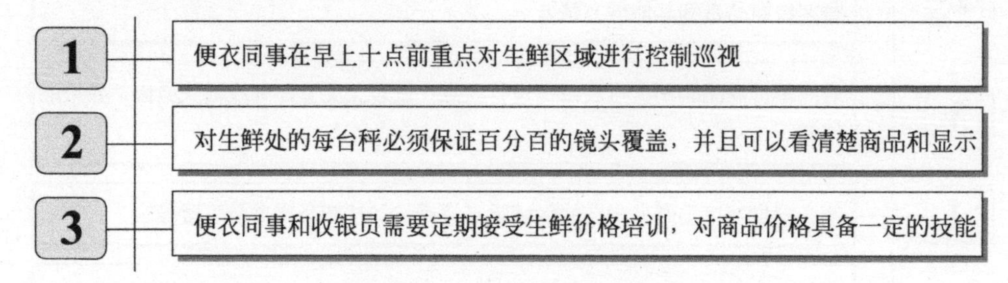


**鱼肉等生鲜商品的损耗控制措施**

**4. 小体积商品**

该类商品包括一些散装糖果、口香糖等。此类商品的特点如下。

（1）体积小容易被藏匿。

（2）不易加贴防盗标签。

（3）多以小孩，贪小便宜者盗窃为主。

（4）容易被试吃造成损耗。

（5）散装商品需要打秤，一方面为顾客偷换打秤标签提供机会，另一方面也为内外勾结打低商品价格提供机会。

对此类商品的损耗控制措施如下。

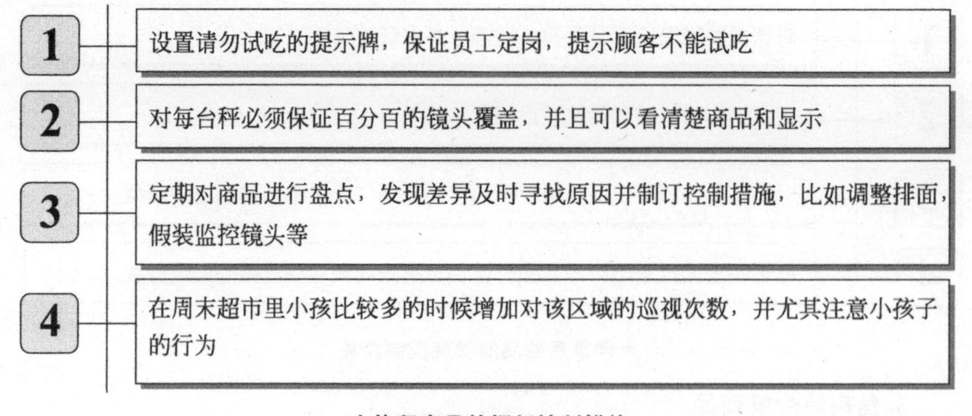


**小体积商品的损耗控制措施**

下面提供一份××超市商品的损耗管理及防范措施的经典范本，供读者参考。

## 【经典范本】××超市商品的损耗管理及防范措施

### ××超市商品的损耗管理及防范措施

**一、有关商品损耗**

1. 商品损耗：指由于各种原因造成商品的库存金额或数量的减少或损失。

2. 据资料统计，内部损耗占85%，外部损耗占15%。

**二、损耗管理的重要性**

1. 增加营业额。

2. 降低成本，减少费用。

3. 提高净利润。

4. 降低损耗额。

**三、损耗发生的原因**

1. 存货管理不善

(1) 盲目支货，造成库存过大，商品结构不合理；由于断缺货影响营业额，造成损失。

(2) 门店补货量、陈列量、补货点确定不科学，经常大量退换货，浪费大量人力、物力。

(3) 来货验收时操作不当，造成损失。

① 来货单物不符，单多物少，或有单无货未处理。

② 错误更正单操作处理不当。

(4) 退货处理不当造成损耗：退库单与物价、规格不符造成损耗。

2. 效期管理不善

(1) 未及时跟踪处理临近有效期商品及滞销品，造成商品过期报损。

(2) 未按先进先出的原则销售，造成商品过期。

3. 操作不规范

(1) 商品陈列、保管不当造成的损失。

① 温度管理不善引起损失。

② 陈列场所不良引起的损失。

(2) 贴错商品编码、弄错价格，造成损益。

(3) 销售过程中计量错误所造成的损失。

(4) 账目处理不当所引起的损失。

(5) 盘点作业不规范、不认真，盘点错误造成损耗。

(6) 设备使用、维护不当造成的损耗。

(7) 调价作业处理不当。

① 调价作业与电脑不同步，主要表现于对在途商品未处理。

② 调价时不作盘点或盘点时间不对或盘点数量不对，造成的损益。

(8) 促销管理不善。

① 促销结束未调回原价。

② 赠品、兑换券未全面登记和妥善保管引起损失。

4.收银操作不规范

收银员作业不当，发生现金短溢。

(1) 手工录入编码错误；条码粘贴错误造成录入错误；未注意包装大、中、小规格而录入错误。

(2) 退换商品失误：按促销价、会员价、折扣价售出，而以原价进行退货操作，造成现金短缺。

(3) 因停电等原因所记的手工单未输入收银机。

(4) 收银作弊：不录、少录、将高价录成低价，自行打折以获取差额。

5.商品丢失、破损

(1) 内部员工自盗。

(2) 顾客偷盗。

(3) 顾客尤其小孩弄坏商品。

(4) 顾客退换货造成商品破损。

6.其他原因的损耗

(1) 设备故障造成营业额损耗。

(2) 自然因素，如台风、水灾、火灾等。

(3) 商品被虫、鼠咬坏引起损失。

**四、防止、减少损耗的办法和措施**

1.合理库存

(1) 强化库存管理，理性支货，合理库存，经常调整商品结构。减少库存过大，避免断、缺货。

(2) 结合以往年、季、月销售数据，制订科学合理陈列量及补货点，合理补货，减少不必要退货。

(3) 来货验收认真，按规范作业，作好单证的登录跟踪工作。

(4) 退货时，认真执行退货作业，有复核。

2.有效进行商品效期管理

(1) 理性补货，加速商品周转。根据商品的周转率和交叉比率分析，对销售排名后100位的滞销商品进行重点管理。

(2) 商品分区负责，对不好销的商品及时退库。

(3) 责任人对本区近效期6个月的商品作效期跟踪记录，并重点推销，必要时可利用降价打折或其他促销手段。

(4) 实行先进先出原则，即先销老生产日期和老批号的商品，后销新生产日期和新批号的商品。

3.规范化营业操作

(1) 陈列时，特别注意容易被晒、被雨淋情况，及时采取防范措施。

(2) 分区责任到人，理货时检查编码正确与否，谁出错谁负责。

(3) 定时检测计量器械，认真进行计量操作。

(4) 账目：由店经理亲自管理，处理方法正确，注意单据齐全。

(5) 盘点时，严格按公司规定的作业规范操作，并做盘点差异分析报告及今后改进的措施。

(6) 正确使用及维护设备，有了故障及时检测。

(7) 正确执行调价作业

① 调价前对所有待调价商品进行盘点，防止遗漏。

② 尤其注意对在途商品的跟踪调价工作。

(8) 处销结束后及时调回原价，并做好处销品的登记管理工作。

4.准确收银操作

(1) 加强收银员的职业道德教育和专业操作技能培训。

(2) 对手工单录入、退换商品、处销商品及多种规格的同一种商品的收银要特别加以注意，减少收银错误。

(3) 加强收银作业的管理和督察，杜绝收银作弊。

5.减少商品丢失

(1) 加强员工的思想品德和职业道德教育，完善管理，避免内盗。

(2) 加强防盗意识，提高防盗技术手段。

(3) 减少人为破坏。

6.其他防范措施：外包装清洁完整：日常卫生、擦拭，勿用力撕开外包装等。

(1) 正确使用和维护设备，有了故障及时检修。

(2) 收听天气预报，加强通风、干燥、灭火等措施。

(3) 防虫、防害等。

**五、商品的养护原则**

1.外包装清洁完整：日常卫生，擦拭，勿用力撕开外包装。

2.储存条件：低温（如生物制剂应放入冰箱）、避光、干燥等。

3.关注效期：尤其对于口服液、活菌制剂等效期较短的商品、滞销品，以便及时处销，调整库存，退回供应商以减少损失等。

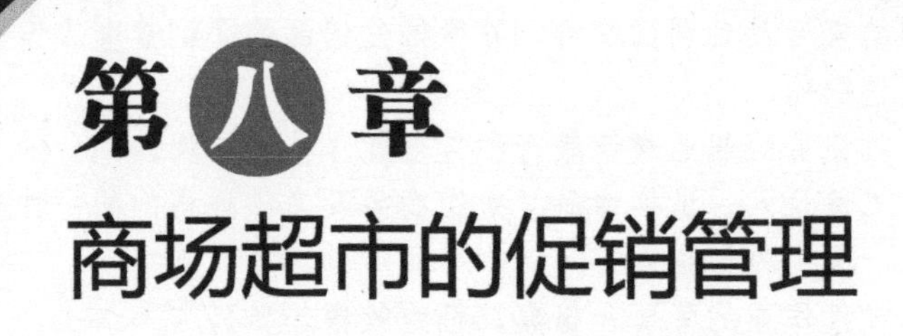

# 第八章 商场超市的促销管理

■ 第一节 促销管理的认知

■ 第二节 常见问题解答

# 第一节　促销管理的认知

## 认知1：促销管理在商场超市经营中的意义

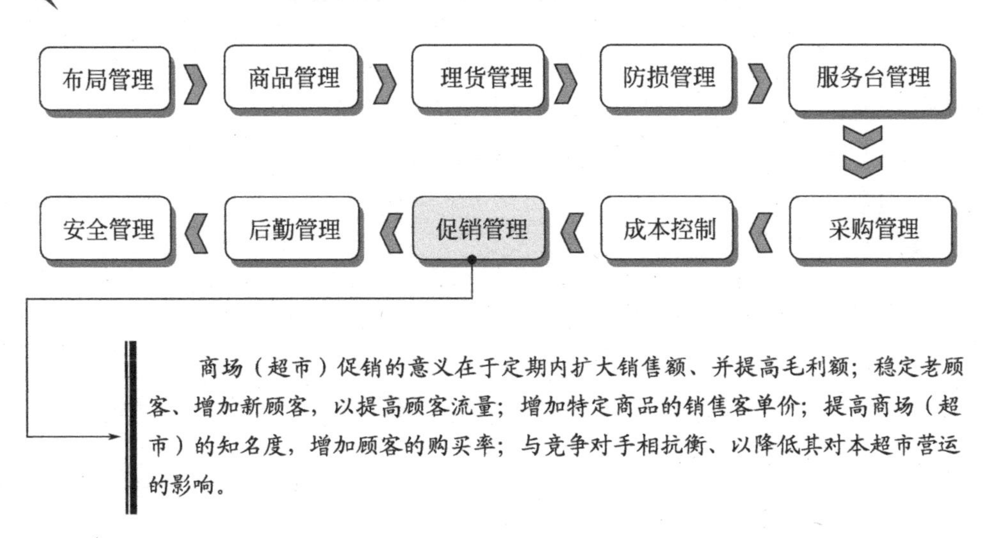


商场（超市）促销的意义在于定期内扩大销售额、并提高毛利额；稳定老顾客、增加新顾客，以提高顾客流量；增加特定商品的销售客单价；提高商场（超市）的知名度，增加顾客的购买率；与竞争对手相抗衡、以降低其对本超市营运的影响。

## 认知2：商场超市经营中促销的定义和目的

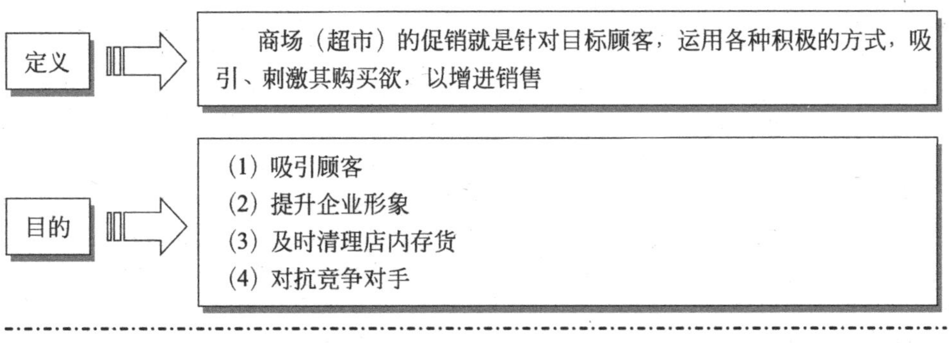


备注：

(1) 商场（超市）可以通过促销活动达到吸引顾客的目的，例如，店主可以用某一商品的低价格吸引顾客到店，顺便购买其他正常价格的商品。从而打开商品销售的大门，而不局限于让顾客购买促销的商品。

(2) 商场（超市）可以用有特色的广告或商品展示来对特定的商品进行促销。虽然促销的只是某种类型的商品，但顾客被活动吸引到店后，会全面地认识与感知店面的设计、清洁状况、服务等，从而影响着消费者对整个商店形象的印象。

(3) 商场（超市）经常面临存货积压的状况，这时，可以通过促销来降低库存，以及时回收资金，加速回转。为了减少库存通常会进行计划外的促销活动，降价清仓可以清除过多的库存。但有时也有必要策划除降价之外的清仓促销活动。

(4) 在商场（超市）的经营中，由于超市数目的不断增加，竞争也日趋激烈，众多的经营者都加入了以促销来争取顾客的行列中。一项新奇、实惠、有效的促销活动，会使消费者对该超市的商品购买愿望增强，从而打败竞争对手。

## 认知3：商场（超市）全年促销活动主题

大家都知道促销对商场（超市）销售的影响，根据每个月中国人的节日及活动列出全年一般的促销活动主题，具体如下表所示。

全年促销活动主题

| 活动月份 | 活动主题 |
|---|---|
| 1 | (1)元旦迎新活动 (2)新春大优惠 (3)春节礼品展 (4)除旧迎新活动 (5)结婚用品、礼品展 (6)年终奖金优惠购物计划 (7)旅游商品展销 |
| 2 | (1)年货展销 (2)情人节活动 (3)元宵节活动 (4)欢乐寒假 (5)寒假电脑产品展销 (6)开学用品展销 (7)玩具商品展销 (8)家电产品展销 |
| 3 | (1)春季服装展 (2)春游烧烤商品展 (3)春游用品展 (4)换季商品清仓特价周 (5)“三八妇女节”妇女商品展销 |
| 4 | (1)清明节学生郊游食品节 (2)化妆品展销会 |
| 5 | (1)劳动节(5/1)活动 (2)夏装上市 (3)清凉夏季家电产品节 (4)母亲节商品展销及活动 (5)端午节商品展销及活动 |
| 6 | (1)儿童节(6/1)服装、玩具、食品展销及活动 (2)考前补品展销 (3)考前用品展销 (4)饮料类商品展销 (5)夏季服装节 (6)护肤防晒用品联展 |
| 7 | (1)欢乐暑假趣味竞赛，商品展销 (2)暑假自助旅游用品展 (3)父亲节礼品展销 (4)在七月冰激凌联合促销 |
| 8 | (1)夏末服饰清货降价 (2)升学用品展销 |
| 9 | (1)中秋节礼品展销 (2)敬老礼品展销 (3)秋装上市 (4)夏装清货 |
| 10 | (1)运动服装、用品联合热卖 (2)秋季美食街 (3)金秋水果礼品 (4)国庆节旅游产品展 (5)重阳节登山商品展 (6)入冬家庭用品展 (7)羊绒制品展 |
| 11 | (1)冬季服装展 (2)火锅节 (3)护肤品促销活动 (4)烤肉节 |
| 12 | (1)保暖御寒用品展销 (2)冬令进补火锅节 (3)圣诞节礼品饰品展销 (4)岁末迎春 |

# 第二节 常见问题解答

## 解答1：如何策划促销活动

促销活动是提升商品销量，吸引顾客流量的重要手段。促销活动策划就是提前规划好整个活动流程。商场（超市）要做好促销活动的策划工作，为促销活动的顺利完成做好准备，具体可按下图所示的流程策划。

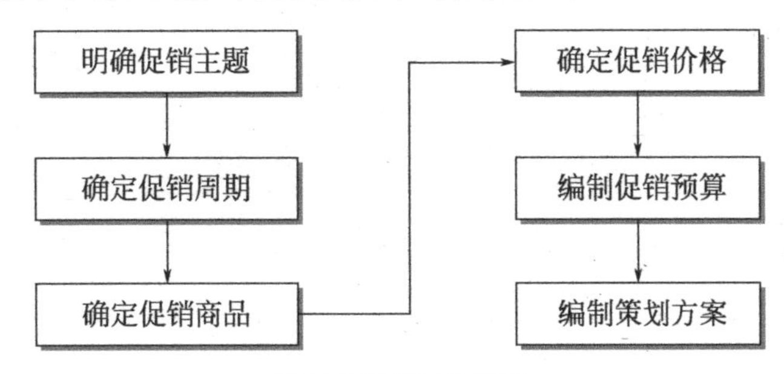


**策划促销活动的流程**

**1. 明确促销主题**

开展促销工作，首先就要明确促销主题，常见主题如下。

(1) 节假日促销，如春节促销、情人节促销。

(2) 提升销量促销，即为了提升销量而进行的特定促销。

(3) 周期性促销，如每周或每半个月一次的促销。

**2. 确定促销周期**

无论是哪种促销主题，都要确定促销周期，以便对价格进行调整。节假日促销周期可以提前半个月或一周。

**3. 确定促销商品**

商场（超市）要确定参与促销的商品主要有如下类别。

(1) 节假日促销应选择节假日专供商品，如月饼、粽子等。

(2) 提升销量促销和周期性促销要重点选择销量不佳的产品。

**4. 确定促销价格**

商场（超市）要综合考虑各项因素，确定各商品的促销价格。确定价格时，商场（超市）要与供应商进行协商供货等事宜。

**5. 编制促销预算**

编制促销预算要做好以下几项工作。

(1) 综合考虑所有开支。

(2) 确定各部门的具体预算。

**6. 编制策划方案**

经过以上步骤，最终编制成策划方案，对促销的各项安排都进行记录进去，使促销活动按照方案要求逐步开展。

## 解答 2：如何制作与发放促销海报

促销海报是用来展示促销商品的重要工具。顾客可以通过促销海报直接了解促销活动的具体内容，并可以根据海报实施购买行为。促销海报的制作与发放可按下图所示的步骤来进行。

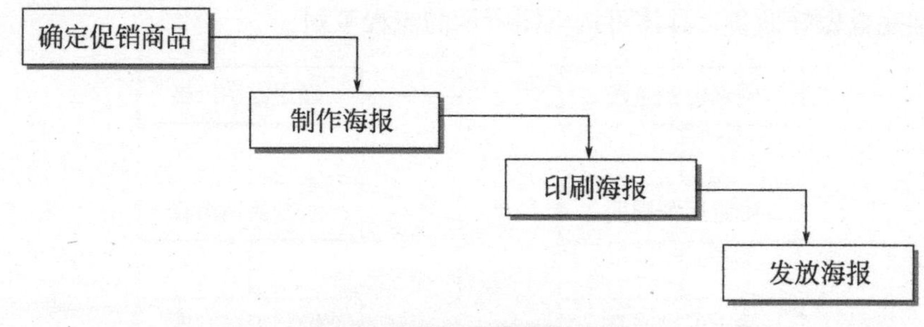


制作与发放促销海报的步骤

**1. 确定促销商品**

制作海报前，制作人员要确定所有促销商品，明确其名称、图片、条形码、促销价格、促销期限等各项信息。

**2. 制作海报**

（1）制作海报一般可使用 Coreldraw、Illustrator、Photoshop 等图形软件。

（2）确定商品的排列版面，一般是按照部门排列，如干货专区、服装专区、洗护用品专区等。

（3）一般将降价幅度最大、最具性价比的商品放在海报首页。

（4）海报价格要准确，色彩要鲜艳，商品排列合理，方便顾客辨认。

**3. 印刷海报**

选择合适的印刷公司，将制作好的海报印刷出来。

**4. 发放海报**

将制作好的海报放在商场（超市）入口处，方便顾客拿取；同时安排专人到周围人流密集处发放海报。

## 解答 3：如何做好促销调价工作

促销工作中，调价是一项常规工作，调价适合于定期的、批量的促销活动期，同时必须按流程进行。具体流程如下图所示。

1 洽谈

采购人员与供应商就促销的具体情况进行洽谈，洽谈基本内容包括促销商品的数量及周期、调价幅度、日常优惠

2 填单

采购人员与供应商洽谈取得一致后，填写DM促销调价申请单

3 审核

采购经理审核促销调价申请单并签字确认

4 录入

信息部录入人员依据采购经理审核后的促销调价申请单录入，并保存

5 存档

录入员将促销调价申请单存档备查

**促销调价的流程**

## 解答4：如何在促销期间备足货源

促销商品的销售速度一般很快，因此，商场（超市）要提前做好备货工作，备足货源。具体操作如下图所示。

计算备货量

备货量要根据商品预期销量确定，商场（超市）首先要预估所有促销商品在促销期内的预期销量，然后减去现有存量，即可得出最终备货量

与供应商协商

促销期间的供货往往会打乱常规供货程序，因此，商场（超市）要与供应商进行协商，确定各种供货细节

供应商送货

可一次性送货，即在促销活动开始前一次性送到；也可批量送货，即随着促销活动开展，逐批逐批送货

验收与储存

仓库验收人员按照常规程序进行验收，并入库储存

补货

促销活动期间，如果商品销量超出备货量，商场（超市）要及时通知供应商进行补货，以维持促销活动的继续开展

**促销备货流程**

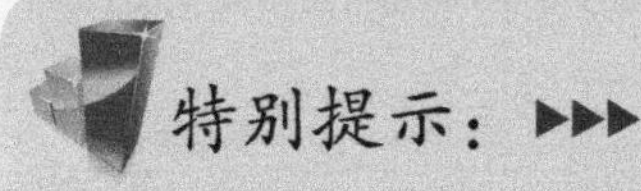


开展促销活动必须做好备货，防止备货过少很快卖完，导致缺货的发生。因为，一旦发生缺货，顾客可能会认为商场（超市）是在“假促销”。

## 解答5：如何在促销后退货

促销前，商场（超市）会进行备货，促销活动结束后，有些商品未能售完，而商场（超市）又不需要过多库存，则需要进行退货。

例如，中秋节促销，未卖完的月饼应退还给供应商。

具体退货流程如下图所示。

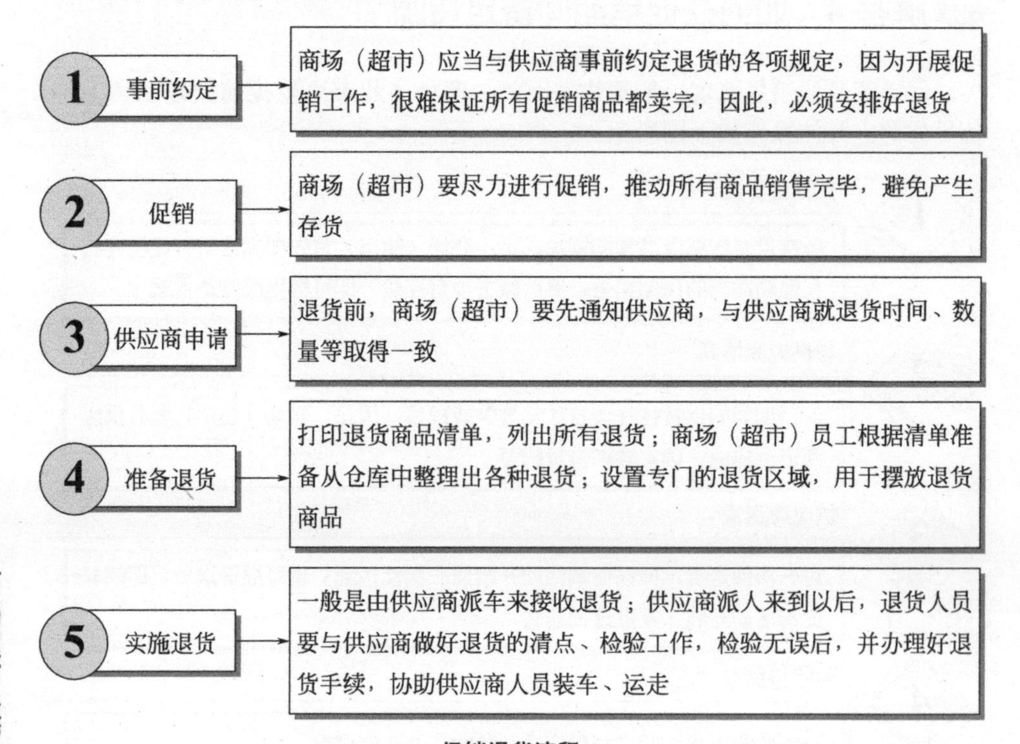


**促销退货流程**

## 解答6：如何配备促销人员

商场（超市）的促销员主要分为两种，即专职促销员和兼职促销员，商场（超市）应根据具体情况要求配备合适的促销员。

**1. 专职促销员**

专职促销员促销经验丰富、工作能力较强，在促销过程中容易把握消费者心理，同时熟悉产品的性能与特点，容易满足消费者的各方面需求。同时，通过介绍、宣传产品扩大企业及品牌知名度。

例如，许多规模较大的商场（超市）的化妆品专柜（如资生堂、欧莱雅、薇姿等）都有专职的促销人员。

**2. 兼职促销员**

兼职促销员一般多为在校大中专院校学生，其费用较低，通常以小时计工，但整体素质较高，有助于树立企业形象，同时接受能力强，对新产品、新知识的理解能力强，领悟能力强，通过培训即可上岗，当商场（超市）开展一些大规模促销活动时，专职促销员人数不够，可以考虑多配备兼职促销员。

## 解答 7：如何培训促销人员

促销人员培训的内容是根据培训目标来确定的。促销员培训基本内容如下图所示。

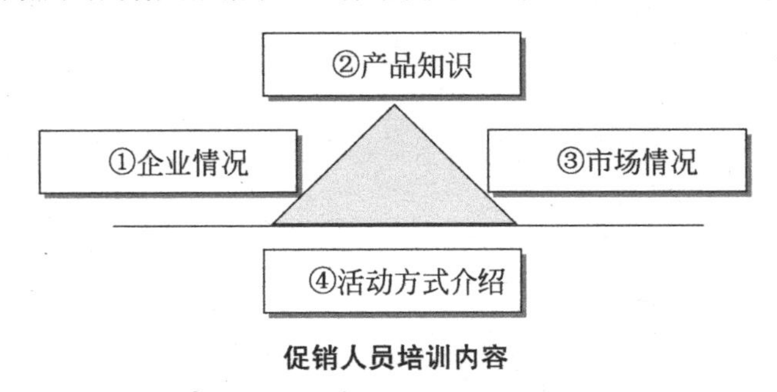


**促销人员培训内容**

备注：

① 如企业的发展历史，企业的经营或目标及方针，企业长远发展规划等。

② 如产品结构、产品性能、产品质量、产品技术先进性、产品的用途、产品的使用、保养和维修方法等。

③ 包括市场管理规划、法律、税收等要求；节假日目标消费者心理、购买习惯分析，消费者地域和行为表现，消费者收入、信用等情况的分析；竞争者历史、现实及发展分析，竞争机会与危机分析等。

④ 包括促销方式的介绍、促销工作流程及促销员担任的角色、促销设备、仪器的使用方法、促销员奖惩制度说明、角色扮演，促销人扮演各种不同角色，命名其对活动方式、促销工具加深印象等。

## 解答 8：如何做好赠品促销

消费者在购买或消费时，心理上容易接受意外的收获，即使赠品毫无用处，消费者还是会带着“赚”了的感觉满意而归的。

例如，买空调赠微波炉、买西服送名牌衬衣、吃肯德基送玩具……时下随处可见的随购赠礼法正是利用这种心理来促销的，并且这种方法比竞相降价推销法要高明得多。特别是当消费者熟悉了商店倾销积压而采用打折宣传手法后，随购赠礼比降价更让消费者感到可信。

做赠品促销时，要注意以下注意事项。

**1. 明确受赠对象**

只有明确受赠对象和范围，促销活动才是积极而有效的。逢人便送、见人就给，固然能造成一时的轰动效应，但不分青红皂白、不分对象的“大轰炸”，常常是钱花不到点子上，因为受赠者中极少是你商品现在或将来的用户。

**2. 初步选定买赠商品类别**

商场（超市）要初步选定买赠商品的类别，用于“买”的商品一般是单价较高、毛利较高的商品，而赠品则是单价较低的商品，或者是由供应商单独提供的产品。

**3. 赠品备货**

商场（超市）可以将一些单价很低的商品转为赠品，与单价高的商品捆绑销售，因此要提前备货。

特别提示：▶▶▶

如果由供应商提供赠品，则应与供应商协商具体的备货量，并在活动开始之前安排赠品的验收、入库。

**4. 实施赠送**

要挑选客流较大的时间开展活动，例如周六、周日、各重要节日等。将免费赠送活动与社会公益活动恰当地结合起来，这样往往会收到较好的社会效益和经济效益。

## 解答 9：如何做好限时促销

限时促销是指商场（超市）决定在一段较短的时间内对某些商品进行降价销售，以提升销量和销售额，过了时限则恢复原价。通过限时促销可以创造一种“现在不买，待会儿就没有了”的感觉，鼓励顾客立刻购买。

限时促销的操作流程如下。

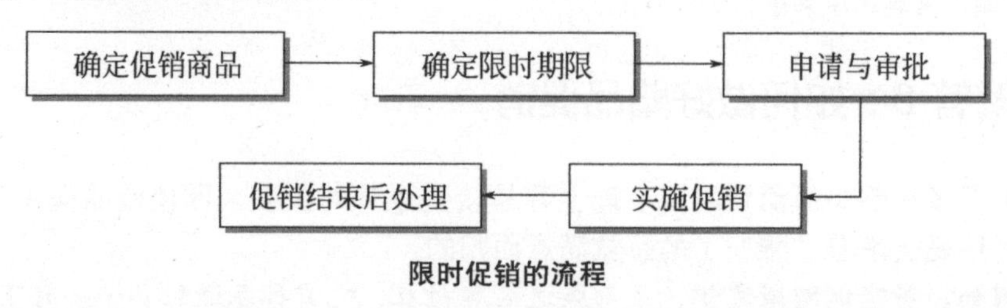


限时促销的流程

**1. 确定促销商品**

适用于限时促销的商品一般有如下三种。

(1) 库存较高，日常销量较低的商品。

(2) 单价较高的商品。

(3) 刚刚上市的新品。

**2. 确定限时期限**

限时促销的时间不应当过长，否则就失去了“限时”的价值，一般应在一天之内。

**3. 申请与审批**

促销工作人员要及时填写“限时促销折让申请单”，向上级申请促销价格的折让幅度，审批通过后才能正式实施促销。

**4. 实施促销**

(1) 提前准备好商品存货。

(2) 设置限时促销专区，将商品摆放在专区中。

(3) 编写 POP 牌，悬挂于促销区域，使顾客看到。

**5. 促销结束后处理**

(1) 限时促销结束后，要迅速将价格调整回原价。

(2) 撤销限时促销专区。

(3) 在服务台等区域张贴说明，告知顾客，限时促销已结束。

## 解答 10：如何做好积分促销

积分促销是商场（超市）开展促销的一种常用方法。

*例如，购物满 1000 员积 1 分，每 10 分可兑换一瓶可乐，每 100 分可兑换一箱凉茶等，通过积分的方式促进顾客多进行购物。*

积分促销法的操作步骤如下图所示。

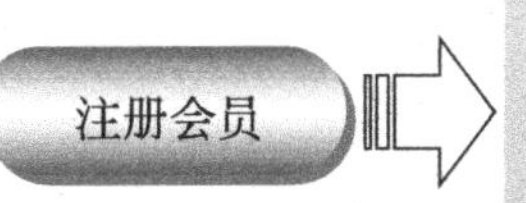


积分促销一般针对商场（超市）的会员顾客，顾客要获取积分，首先要注册成为商场（超市）的会员，并由商场（超市）发放会员卡，所有积分记录在会员卡内

商场（超市）要提前制订积分规则，主要是确定消费多少钱积多少分、多少分兑换什么商品等，同时积分兑换的商品应保持稳定，不能随意变换，以免使顾客认为积分的价值下降

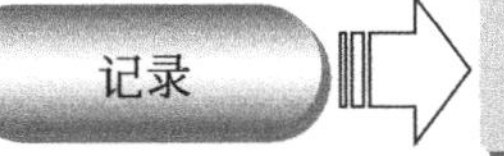


顾客每次通过会员卡结账后，系统应自动计算出相应积分，并添加到顾客账户中

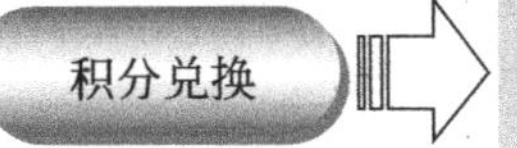


顾客需要用积分兑换商品时，服务台员工要按流程办理兑换手续。兑换完毕后，从顾客账户中扣除相应数目的积分

**积分促销法的操作步骤**

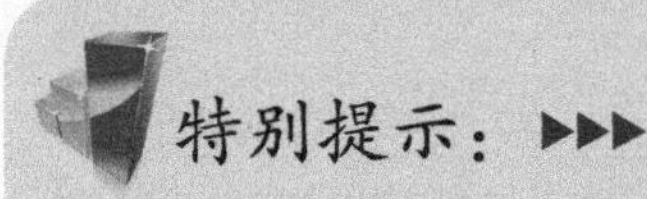

特别提示：▶▶▶

有时，商场（超市）为促进某类商品的销量，会提出购买该商品，可单独计算积分，以增加顾客购买的兴趣。

## 解答11：如何做好开业促销

开业促销是促销活动中最重要的一种，因为它只有一次，而且它是与潜在顾客第一次接触的活动，顾客对该商场（超市）的商品、价格、服务等所留下的最初印象将会影响其日后是否再度光临的意愿。

因此，商场（超市）经营者对开业促销活动无不小心谨慎、全力以赴，希望有个好开头。通常商场（超市）开业当天，业绩可达到平时业绩的5倍左右。

商场（超市）开展开业促销要注意做好以下工作，如下图所示。

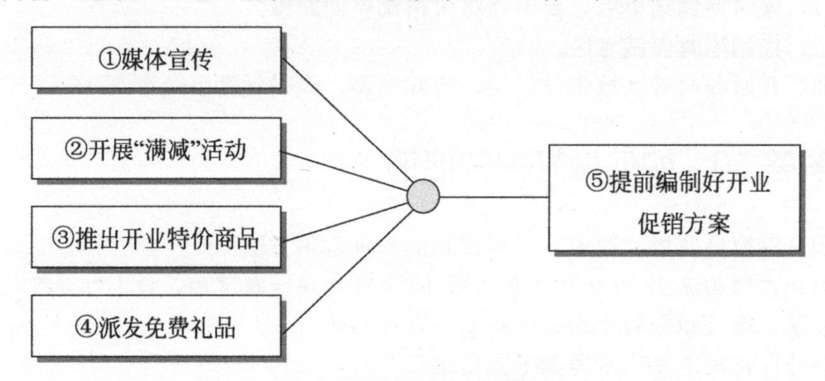


**开业促销要注意做好的工作**

备注：

① 开业前，与当地电视台、报纸取得联系，播放开业广告、开业宣传软文等。

② 开展"满减"活动，例如"消费满100元减20元"，促使顾客入店消费。

③ 选择某项产品，打出最低价，吸引顾客前来购物。

④ 准备一些价位较低的商品，免费送给购物的顾客。

⑤ 提前编制好开业促销方案，记录开业举行地点、活动内容等信息。

## 解答12：如何做好特价促销

在各种促销模式中，特价促销无疑是假日促销中最直接有效的刺激消费者的方法之一。特价促销又称降价销售、特卖、打折销售、让利酬宾、折扣优惠等，是商场（超市）使用最频繁的促销工具之一，也是影响顾客购买最重要的因素之一。

商场（超市）在运用特价促销方式之前，有必要对特价促销的规律和技巧进行深入的分析和研究。特价促销要点如下图所示。

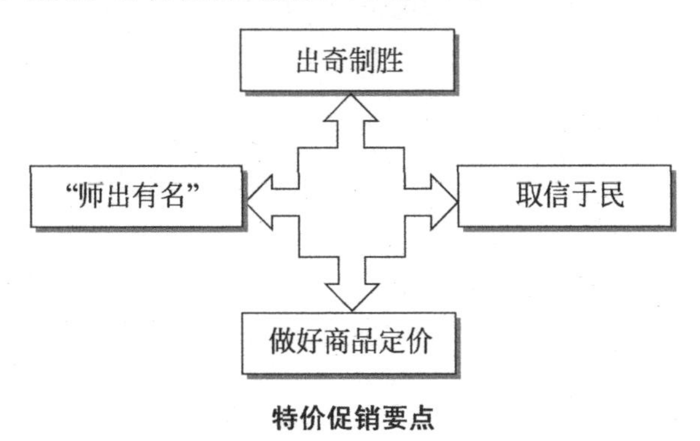


**特价促销要点**

**1. 师出有名**

所谓的“师出有名”，就是说特价一定要有“借口”。特价促销是一种艺术，必须让价格低得让消费者觉得合情合理、有理有据。现在商场（超市）节庆特价一般有：重大节假日酬宾、周年庆典、新店开张、开业满 100 天、销售额突破 10 亿大关等。

**2. 出奇制胜**

率先打特价要精心策划，高度保密，才能收到出奇制胜的效果。

**3. 取信于民**

信誉好的商场（超市）降价顾客信得过，信誉不好的商场（超市）降价顾客信不过。所以，在现实中不同的商场（超市）同样搞特价促销，但效果却大相径庭。商场（超市）在进行特价促销时，必须保证商品的数量和质量，以免造成顾客感到被欺骗的相反效果。

**4. 做好商品定价**

商场（超市）在进行特价促销时，商品的价格也是较为敏感的，可采用尾数定价法。

例如，某商场在“六一”的时候，将儿童的某种原价为 34 元的帽子，特价定为 29.9 元，让顾客认为只是 20 多元而非 30 元。29.9 元跟 30 元比，要便宜一个价位，无形中刺激了顾客的购买欲望。

## 解答 13：如何做好折价促销

折价促销是指商场（超市）在采用直接降低或折价的方式招徕顾客。例如，某商场在父亲节那天推出“××”牌剃须刀，原价 108 元，现价 88 元，限时 2 天的活动。

在运用折价促销时，商场应对是否打折、打折幅度等方面进行多方面的可行性分析，最后做出科学决策。具体要求如下图所示。

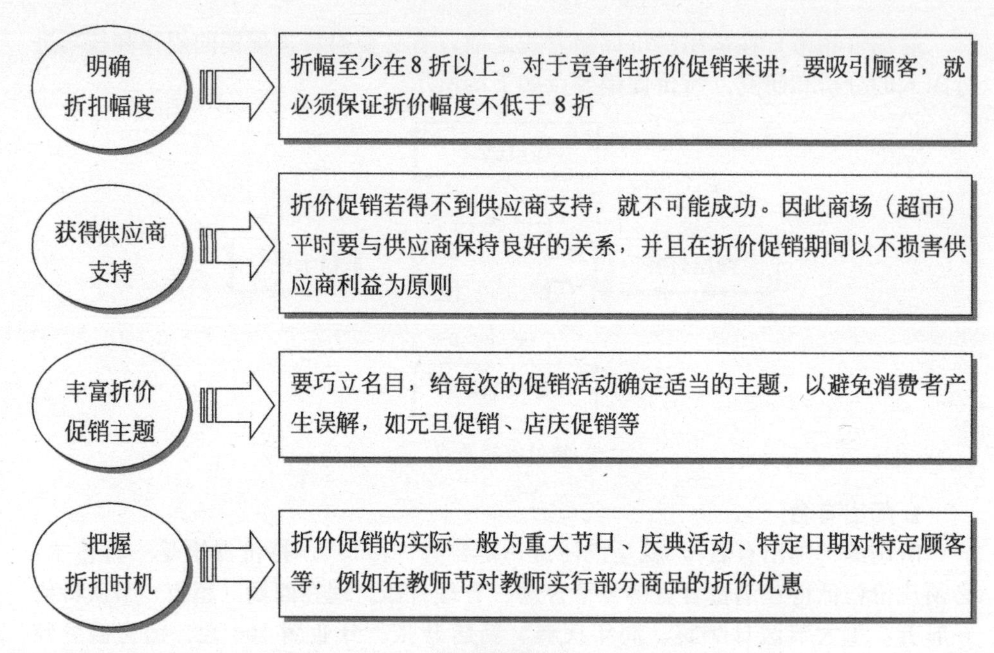


折价促销要求

## 解答14：如何做好节日促销

节日消费心理的特点决定了不同平常的节日售卖形式。商场（超市）要采取恰当的促销策略，来吸引消费者有限的注意力，把握节日消费市场的热点和需求变化趋势，以求获得更多收入。

商场（超市）节假日促销策略如下图所示。

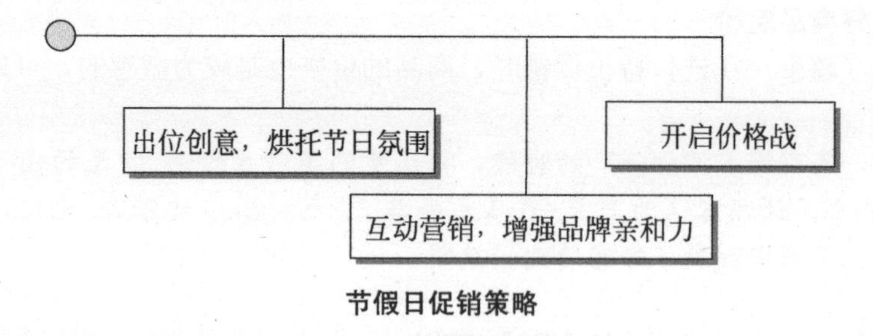


节假日促销策略

**1. 出位创意，烘托节日氛围**

节假日是动感的日子、欢乐的日子，商场（超市）要善于捕捉人们的节假日消费心理，开展促销活动，最终实现节假日促销大丰收。针对不同节假日，开展不同活动，把最多顾客吸引到自己的商场（超市）中。

**2. 互动营销，增强品牌亲和力**

商场（超市）要培训促销人员与顾客加强互动，通过互动来激发顾客的兴趣。

**3. 开启价格战**

节假日促销主角就是“价格战”、“广告战”、“促销战”，通过这些方式吸引顾客入店消费。

下面提供一份××超市中秋节促销方案的经典范本，供读者参考。

## 【经典范本】××超市中秋节促销方案 ▶▶▶

**××超市中秋节促销方案**

| 活动目的 | 本次促销主要是以中秋月饼的消费来带动卖场的销售，以卖场的形象激活月饼的销售。预计日均销量在促销期间增长8%～18% |
|---|---|
| 活动时间 | 9月1日～9月20日 |
| 活动主题 | 团团圆圆过中秋 |

**一、促销活动安排**

(一)买中秋月饼送百事可乐

买108元以上中秋月饼送355毫升百事可乐2听。(价值5元)

买208元以上中秋月饼送1250毫升百事可乐2瓶。(价值13元)

买308元以上中秋月饼送2000毫升百事可乐2瓶。(价值15元)

(二)礼篮

298元礼篮:龙凤呈祥香烟+加州乐事+价值120元中秋月饼。

198元礼篮:双喜香烟+长城干红+价值80元中秋月饼。

98元礼篮:价值40元中秋月饼+20元茶叶+加州西梅。

(三)优惠活动

在促销活动期间，在卖场凡购物满280元者，均可获赠一盒精美月饼(价值20元/盒)。

在9月10日的“教师节”，进行面向教师的促销:凡9月9～10日两天在本超市购物与消费的教师，凭教师证可领取一份精美月饼或礼品(价值20元左右)。

**二、整合促销**

(一)广告

在内部电视广告中上，隔天滚动播出促销广告，时间9月1日～9月20日，每天播出16次，15秒/次。

(二)购物指南

在9月1日～9月20日的“购物指南”上，积极推出各类促销信息。

(三)店内广播

从卖场的上午开业到打烊，每隔一个小时就播一次相关促销信息的广播。

(四)卖场布置

1. 场外。

(1)在免费寄包柜的上方，制作中秋宣传。

(2)在防护架上，对墙柱进行包装，贴一些节日的彩页来造势。

| |
|---|
| (3)在广场,有可能的可悬挂气球或拉竖幅。<br>(4)在入口,挂"××超市庆中秋"的横幅。<br>2.场内。<br>(1)在主通道,斜坡的墙上,用自贴纸等来装饰增强节日的气氛。<br>(2)整个卖场的上空,悬挂可口可乐公司提供的挂旗。<br>(3)在月饼区,背景与两个柱上布"千禧月送好礼"的宣传;两边贴上可口可乐的促销宣传。<br>(4)月饼区的上空挂大红灯笼。<br>**三、具体操作**<br>1.移动电视频道的15秒广告,由公司委托××广告公司制作,在广告合同中应当明确不同阶段的广告内容;预定在8月28日完成。<br>2.购物指南由采购部负责拟出商品清单,市场部负责与××晚报印刷厂联系制作;具体见该期的制作时间安排。<br>3.场内广播的广播稿由市场部来提供,共三份促销广播稿,每份均应提前两天交到广播室。<br>4.场内外布置的具体设计应由市场部、美工组负责,公司可以制作的,由美工组负责,无能力制作的,由美工组联系外单位制作,最终的布置由美工组来完成。行政部做好采购协调工作;预定场内布置在8月28日完成。<br>5.采购部负责引进月饼厂家,每个厂家收取500元以上的促销费。同时负责制订月饼价格及市场调查计划,在8月10日前完成相关计划。<br>6.工程部安排人员负责对现场相关电源安排及灯光的安装,要求于8月28日前完成。<br>7.防损部负责卖场防损及防盗工作。<br>8.生鲜部负责自制精美月饼的制作。<br>**四、注意事项**<br>1.若场外促销的布置与市容委在协调上有困难的,场外就仅选择在免费寄包柜的上方制作中秋宣传。<br>2.若在交通频道上的宣传不能达到效果时,可选择在报纸等其他媒体上进行补充宣传。<br>3.市场部应进行严格的跟踪,对出现的任何异样及时进行纠正。 |

## 解答15：如何做好促销效果评估

促销活动结束后，还有一项十分重要的工作，那就是对促销活动的评估。通过每次促销活动的效果，评估促销活动成功或失败的原因，积累经验，对于日后的发展是必不可少的。促销评估的内容主要包括业绩评估、促销效果评估、供应商配合状况评估、商场（超市）自身运行状况评估。

促销效果评估主要包括促销主题配合度、评估创意与目标销售额之间的差距、评估促销商品选择正确、评估促销成本几个方面的内容，具体要求如下图所示。

评估促销主题配合度

促销主题是否针对整个促销活动的内容；促销内容、方式、口号是否富有新意、吸引人，是否简单明确；促销主题是否抓住了顾客的需求和市场的卖点

评估创意与目标销售额之差距

促销创意是否偏离预期目标的销售额；创意虽然很好，然而是否符合促销活动的主题和整个内容；创意是否过于沉闷、正统、陈旧，缺乏创造力、想象力和吸引力

评估促销商品选择是否正确

促销商品能否反映商场（超市）的经营特色；是否选择了消费者真正需要的商品；能否给消费者增添实际利益；能否帮助商场（超市）或供应商处理积压商品；促销商品的销售额与毛利额是否与预期目标相一致

评估促销成本

促销成本是否得到有效控制，是否符合预算目标。对成本的评估可以使用“促销成本评估表”

**促销效果评估流程**

## 解答 16：如何做好促销活动经验总结

促销评估工作结束后，商场（超市）还要进行促销活动经验总结，以避免活动中出现的差错，为下次促销做好准备。

促销活动经验总结流程如下图所示。

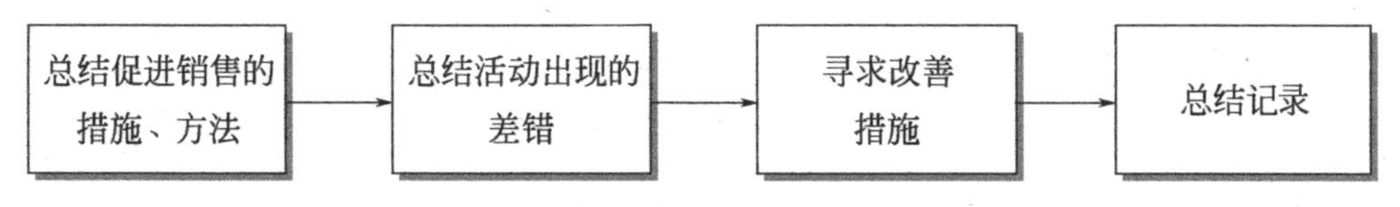


**促销活动经验总结流程**

**1. 总结促进销售的措施、方法**

促销活动中，商场（超市）采取的各类措施、方法可能很多，有些能够大幅度提高销量，有些却没有帮助，甚至影响销量。商场（超市）要总结对商品销售有极大促进作用的措施、方法，以便在下次促销时引用。

**2. 总结活动出现的差错**

总结促销活动中出现了哪些差错，并仔细分析差错出现的原因。

**3. 寻求改善措施**

对促销差错进行分析后，要找出改善措施，以便用在下一次促销活动中。

**4. 总结记录**

总结工作应做好记录，将各项内容记录在“促销效果与经验总结表”中。下面提供一份××商场促销效果与经验总结表的经典范本，供读者参考。

## 【经典范本】××商场促销效果与经验总结表 ▶▶▶

**××商场促销效果与经验总结表**

填表人：　　　　　　　　　　　　　　　　　　日期：

<table>
<tr><td>促销地点</td><td colspan="2"></td><td>促销时间</td><td></td></tr>
<tr><td>促销主题</td><td colspan="4"></td></tr>
<tr><td>预计算用</td><td colspan="2"></td><td>实支费用</td><td></td></tr>
<tr><td>差　额</td><td colspan="2"></td><td>原　因</td><td></td></tr>
<tr><td>促销详细内容方式</td><td colspan="4"></td></tr>
<tr><td>促销成果分　析</td><td colspan="4"></td></tr>
<tr><td>存在的问题及理由陈述</td><td colspan="4"></td></tr>
<tr><td>改善措施与经验总结</td><td colspan="4"></td></tr>
<tr><td rowspan="2">意　见</td><td>市场部经理</td><td colspan="3"></td></tr>
<tr><td>总经理</td><td colspan="3"></td></tr>
<tr><td>备　注</td><td colspan="4">填写本表的意义在于监控促销活动的过程与结果，同时也是核准下次促销活动的重要考量依据</td></tr>
</table>

# 第九章 商场超市的后勤管理

# 第一节 后勤管理的认知

## 认知1：后勤管理在商场超市经营中的意义

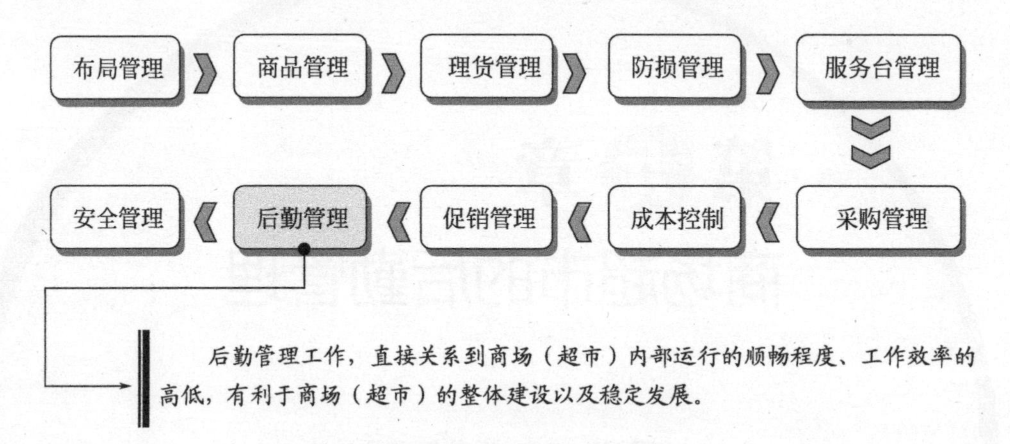


## 认知2：商场超市经营中后勤管理的定义和作用

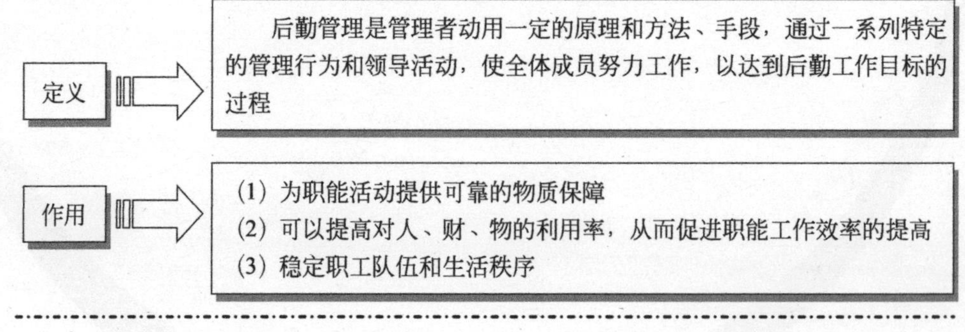


备注：

(1) 一个单位的职能活动要想正常进行，后勤部门就必须事先安排搞好工作的必需的条件设施，提供后勤服务，这是职能活动正常进行的物质基础。只有加强后勤管理，才能使这些基本的物质条件得到可靠的保证。后勤管理的保证作用是其基本职能决定的，而这一作用是后勤管理的基本职能决定的，所以这一作用是后勤管理的基本作用。

(2) 如果只是有了充足的物质保障，而不去科学地组织管理，工作的效益是不会提高的。搞好后勤管理，可以使人、财、物似最佳方式结合，得以充分有效的利用，进而调动起人的主观能动作用，做到“人尽其才”；提高资金使用效能，做到“财尽其力”；充分发挥物资设备的潜力，做到“物尽其用”。所有这些正是职能工作高效进行的必要条件。一切管理的作用都在于提高效益，否则就没有管理的必要，从这个意义上说，这一作用是后勤管理的主要作用。

(3) 稳定职工队伍和生活秩序。搞好后勤管理工作是稳定职工队伍和生活秩序，确保安定团结的重要条件。搞好衣、食、住、行、生、老、病、退等工作，是后勤管理工作者的重要职责。后勤管理工作搞好了，可以使领导省心，职工们放心，大家都不担心。因此，职工队伍可以稳定，生活秩序可以安定，从而可以确保安定团结的局面。

## 三 认知3：商场（超市）后勤部的职责

一般来说，商场（超市）后勤部主要负责行政管理、人事管理、工程设备设施管理以及总务后勤管理四大块的内容。

**1. 行政管理**

(1) 在总经理领导下，负责组织安排总经理办公会议议程，并做好记录，发布会议纪要，检查落实情况。

(2) 负责组织起草企业综合性工作计划、请示、报告、总结、规划、通知、函电。

(3) 负责公司印鉴，介绍信的使用管理。

(4) 负责文件、文档、材料的修改、打印、复印和文书档案的管理。

(5) 负责对外各种来信、来访的接待、联系。

(6) 负责行政值班安排和检查工作。

(7) 负责与工商、技术监督、物价、卫生防疫、卫生检疫、检验、消协等主管部门的外联工作。

(8) 负责门店运营各种耗材的使用管理，控制相关费用支出。

**2. 人事管理**

(1) 负责制订人事调配、管理、劳动纪律等规章制度，并负责检查、监督规章制度的落实情况。

(2) 负责企业员工招聘、培训、签订劳动合同、上岗、干部任免、解聘的管理工作。

(3) 负责企业工资、奖金分配、补贴福利等标准的制订和有关奖惩办法的执行。

(4) 负责企业各部门、各岗位员工劳动纪律、休假制度的总体监督、检查和问题的处理。

(5) 负责员工工资、胸卡、工装、更衣柜办理。

(6) 负责企业劳动工资报表和考勤、考核的汇总上报工作。

**3. 工程、设备设施管理**

(1) 负责制订企业有关设备设施、能源系统、基建工程管理方面的规章制度及操作规程，落实日常监督、检查管理。

(2) 负责企业水、暖、电、制冷设施的购置、验收、安装、维护、保养、使用、报废及日常运行的技术检查和管理工作。

(3) 负责新建、改建、扩建等基建项目的设计申报、现场管理、质量监督及竣工验收等相关工作。

(4) 负责设备设施及房屋建筑修缮、维护和相关的档案图纸的管理工作。

(5) 负责与对口专业公司和政府主管部门联系工作，按要求上报有关统计报表。

(6) 负责新设店址的设计、会审、施工、工程量控制、验收等工作。

**4. 总务后勤管理**

(1) 负责企业固定资产的登记、盘点、管理工作和低值易耗品、办公用品的购置、调配，使用等管理工作。

(2) 负责企业办公通讯设备的购置安装及费用收缴工作管理。

(3) 负责企业内环境卫生、保洁、养护等物业管理工作。

(4) 负责企业员工生活后勤保障工作。

# 第二节 常见问题解答

## 解答1：如何管理办公用品

办公用品是指商场（超市）日常办公所用的笔、纸等，商场（超市）应加强对办公用品的管理，保证办公需要，同时厉行节约。

办公用品统一由行政部采购，各部门按需要填写“办公用品领用申请表”，向行政部领用办公用品。

商场（超市）可以将办公用品分为ABC三类，管理措施如下。

**1. A类**

(1) 建立账卡，员工调动时须按人力资源部有关规定办理移交手续。

(2) 发到部门的用品，要有专人负责，建立账卡，责任人调动时办理移交手续。

(3) 若有损坏，由责任人照价赔偿。

**2. B类**

(1) 员工人岗配发，一次销账。

(2) 因员工个人原因造成丢失或损坏，由个人负责。

(3) 员工调离商场（超市），无需交回。

**3. C类**

实行计划管理，定期按岗位核定合理消耗量，由行政部按计划购置发放。

**特别提示：▶▶▶**

行政部对A类办公用品每年核查一次，发现问题，由使用保管人负责。报损处理需经主管经理审批。会计、物资、保管员要及时做好登记。

## 解答2：如何管理工作服

工作服是反映商场（超市）整体形象及员工精神面貌的重要标志，为保证工作服管理工作顺利进行，就要加强工作服管理。其管理措施如下图所示。

工作服制作

行政部根据商场（超市）的要求负责联系工作服的选料制作、发放与保管

工作服领用与发放

发放工作服时，要手续齐全，填制领存卡，防止冒领和丢失；员工领用工作服后，个人保管。要保持其整洁、完好，不得私自改制式样、装饰

员工调动工作服管理

员工内部调动，经人力资源部审批后，领用新岗位工作服；员工调动时因个人原因损坏工作服，在照价赔偿后，补领新工作服

**管理工作服的措施**

## 解答3：如何管理员工更衣柜

更衣柜是为员工提供更换、保存服装的设施。禁止在柜内存放与工作无关的杂物、食品和贵重物品。

**1. 配备钥匙**

（1）商场（超市）为每个员工配备一把钥匙。

（2）员工使用钥匙号码须与柜号相符。一人一柜，禁止混用，否则按私开他人衣柜处理。

（3）更衣柜钥匙，一把由使用者保存，另一把由安全保卫部保管备用。丢失自用钥匙者，应向领导报告并交款后，方可换锁重领钥匙。

**2. 更衣柜使用**

(1) 使用者应妥善保管衣柜，保持整齐与清洁，不得随意调换位置。使用者不得自行配换柜锁和涂改编号，凡造成损坏者按规定罚款，严重者给予纪律处分。

(2) 衣柜应随时关锁，一旦发现物品丢失，应速报告保卫部门协助查找，但商场（超市）不负财物损失责任。

(3) 衣柜不得私自另加锁，特殊情况下安全保卫部有权根据商场（超市）需要对衣柜进行检查，而无需员工本人在场。

**3. 更衣柜损坏处理**

更衣柜正常损坏时，由使用者提出报告，批准后给予维修。

特别提示：▶▶▶

员工调离时，应将更衣柜整理干净，钥匙交回管理部门。

## 解答4：如何防治场内有害动物

场内有害动物主要包括老鼠、苍蝇、蚊子、蟑螂等，这些有害动物容易传播疾病，对商场（超市）员工、顾客的健康都有着严重影响，因此，必须做好有害动物防治工作。

**1. 老鼠的防治**

老鼠的防治措施如下图所示。

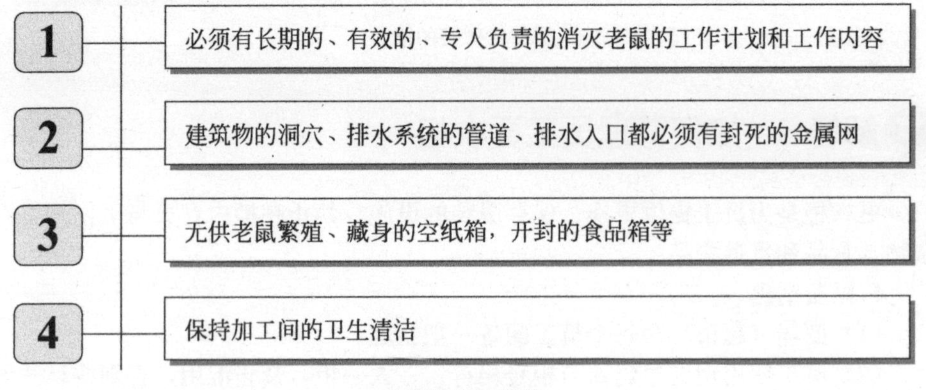


老鼠的防治措施

**2. 苍蝇、蚊子的防治**

苍蝇、蚊子的防治措施如下图所示。

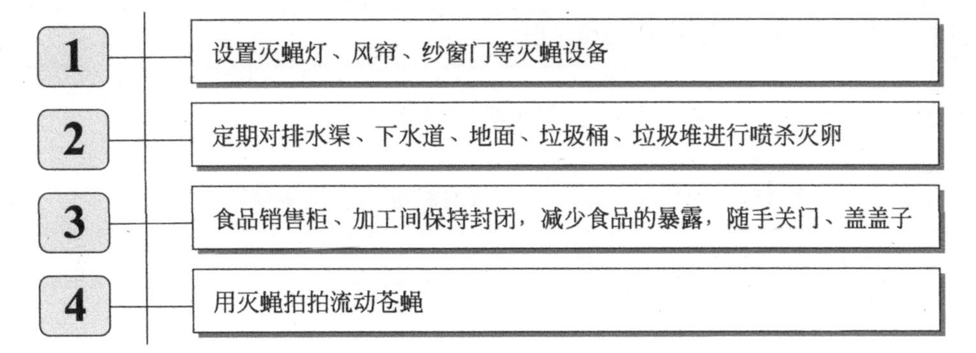


**苍蝇、蚊子的防治措施**

**3. 蟑螂的防治**

蟑螂的防治措施如下图所示。

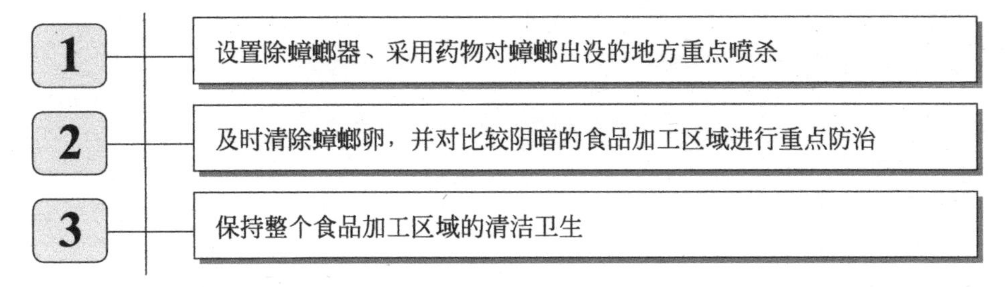


**蟑螂的防治措施**

## 解答 5：如何管理洗手间环境卫生

洗手间是商场（超市）的常用部位，必须做好环境卫生管理工作，为使用洗手间的顾客留下一个良好的印象。因此，应为其制定如下图所示的清洁标准。

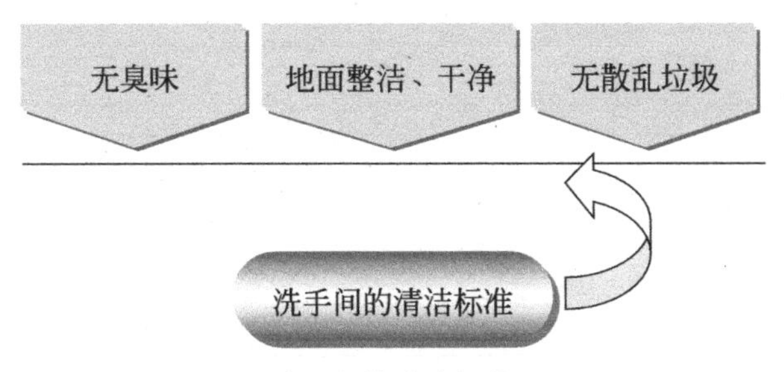


**洗手间的清洁标准**

在制定了清洁标准后，就要按标准实施清扫，其具体要求如下。

| | |
|---|---|
| 1 | 所有清洁工序必须自上而下进行 |
| 2 | 清除垃圾杂物，用清水洗净垃圾并用抹布擦干 |
| 3 | 用除渍剂清洁地胶垫和下水道口，清除缸圈上的污垢和渍垢 |
| 4 | 用清洁桶装上低浓度的碱性清洁剂彻底清洁地胶垫，不可在浴缸里或脸盆里洗。桶里用过的水可在清洁下一个卫生间前倒入其厕内 |
| 5 | 清洁洗脸台下面的水管 |

洗手间的清扫措施

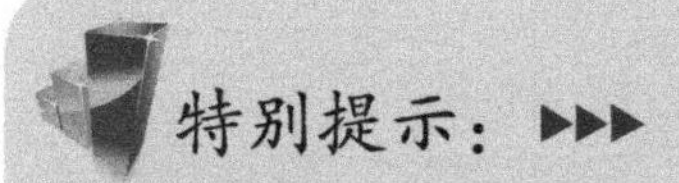

特别提示：

每次清洁工作完毕后，进行检查，发现仍有污迹，应重新清扫，使其恢复干净整洁。

## 解答6：如何管理专柜柜台卫生

商场（超市）中往往设置了很多专柜，商场（超市）要做好对专柜柜台卫生管理，避免出现脏乱差等现象。其清洁要求如下图所示。

| | |
|---|---|
| 1 | 专柜经营者不得超高摆放商品 |
| 2 | 爱护商场（超市）内的一切设施和设备，损坏者照价赔偿 |
| 3 | 不得随地吐痰、乱扔杂物等 |
| 4 | 各专柜的经营人员必须保持自己铺位或柜台所管辖区域卫生 |
| 5 | 经营人员不能在禁烟区内吸烟 |
| 6 | 晚上清场时将铺位内的垃圾放到通道上，便于清理 |

专柜柜台的清洁要求

## 解答 7：如何管理更衣室清洁卫生

更衣室是员工使用频繁的区域，商场（超市）必须做好对更衣室清洁卫生管理，确保环境良好。

更衣室的清洁标准如下图所示。

更衣室的清洁标准

## 解答 8：如何管理办公场所环境卫生

商场（超市）的办公场所也是清洁卫生的重点，通过清洁卫生的实施，要使办公场所变成一个整洁的场所。

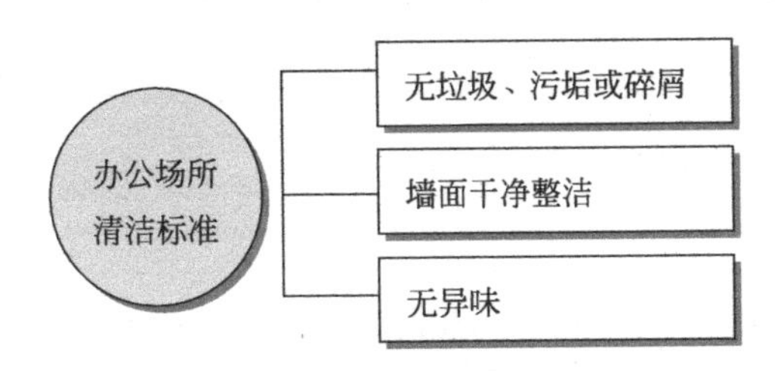


办公场所清洁标准

有了清洁标准，就要按照标准实施清扫，具体要求如下。

（1）各工作场所内的走道及阶梯，至少须每日清扫一次，并须采用适当方法减少灰尘。

（2）办公桌面经常清洁整理，保持整齐。

（3）每周对饮水机进行一次清洗。

## 解答 9：如何管理场外环境卫生

场外主要是指员工通道、就餐区等区域，对这些区域也要做好环境卫生管理工作，创造一个良好的场外环境，应做到干净、整洁、无散乱垃圾、无异味。

**1. 基本清洁工作**

基本清洁工作要求如下图所示。

1. 拉布灯箱保持清洁、明亮，无裂缝、无破损。霓虹灯无坏损灯管

2. 幕墙内外玻璃每月清洗一次，保持光洁、明亮，无污渍、水迹

3. 旗杆、旗台应每天清洁，保持光洁无尘

4. 场外升挂的国旗、司旗每半个月清洗一次，每三个月更换一次，如有破损应立即更换

5. 场外挂旗、横幅、灯笼、促销车、遮阳伞等促销展示物品应保持整洁，完好无损

**基本清洁工作要求**

**2. 员工通道清洁**

员工通道清洁要求如下图所示。

1. 管理人员应对需张贴的通知、公告等文件资料内容进行检查、登记，不符合要求的不予张贴

2. 员工应注意协助维护公告栏的整洁，不得拿取、损坏张贴的文件资料

3. 员工通道内的卡钟、卡座应挂放在指定位置，并保持卡座上的区域标识完好无损

4. 考勤卡应按区域划分放于指定位置，并注意保持整洁

**员工通道清洁要求**

**3. 就餐区清洁**

就餐区清洁要求如下图所示。

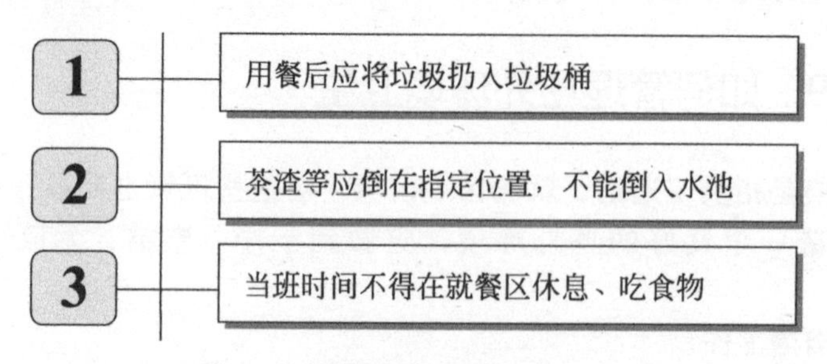


**就餐区清洁要求**

下面提供一份××超市卫生管理制度的经典范本，供读者参考。

## 【经典范本】××超市卫生管理制度

### ××超市卫生管理制度

**一、个人卫生**

1. 做到“四勤”：勤洗澡、勤理发、勤剪指甲、勤洗工装。

2. 保持口腔卫生，不得吃辛辣事物上岗，不准饮酒上岗。

3. 工作服干净整洁。

4. 定期参加卫生培训，掌握相关的卫生知识，新员工需经岗前培训后方可上岗。

5. 坚持参加每年的健康体检，一线员工上岗应具备健康证。

**二、卖场卫生**

1. 维护、保持商场的环境卫生、商品卫生，做到不乱扔纸屑、果皮、废包装等杂物，不随地吐痰、倒水，保持店堂整洁。

2. 营业现场的卫生清理，要在营业前清理完毕，做到地洁、柜净、玻璃亮，货架、商品无尘土，过道无杂物，畅通无阻。

3. 商场内所有整箱商品，一律存放到货架上，柜台内不得堆码整件商品及包装物料，保持柜台整洁。

4. 机器设备、日用器具整洁卫生，定位管理，保证卖场正常运转。

5. 场内货架及柜台不存放与商品无关的杂物、私人物品。

6. 场内货架及柜台按商场统一指定位置存放饮水杯、暖瓶、餐具、卫生用具（扫把、抹布、脸盆、墩布等）。

7. 场内具备防蝇防鼠措施，鼠盒、蝇拍实行定位存放管理。

8. 场内设有封闭式垃圾箱，由专人进行定时整理；灯具、玻璃墙体、塑料门帘保持干净整洁。

9. 地面干净无污迹、杂物，随脏随扫，每日营业终了后认真墩擦；墙壁、窗台、门窗、立柱无塔灰。

10. 价签、物价签、POP广告宣传的悬挂、填写、张贴要有条理，达到规范，杜绝现场价签残损的现象，保持良好的现场容貌。

**三、库房卫生**

1. 库房要干净整洁通风，无尘土塔灰，窗明几净、无鼠无蝇无蟑螂。

2. 库房商品隔墙离地，分类码放。

3. 退换、报损商品要有退货标志，单独码放。

4. 库房内不许更衣，不得存放私人物品，不得有杂物和废弃物。

5. 库房内备有鼠盒，并作到定位摆放、定期更换药物。

6.通道摆放商品，应做到隔墙离地，码放整齐。

**四、环境卫生**

1.人人有责维护殿堂清洁，上货“箱随人走，人走地面净”。

2.卫生清洁要在营业前完毕，保证通道畅通及安全。

3.商场柜台内不准存放私人物品，卫生工具不得裸露现场。

4.门前卫生

(1) 门前地面干净整洁，无杂物、污物、积水。

(2) 内外部车辆码放排列整齐，秩序井然。

(3) 垃圾桶每天定时擦拭，保持清洁。

(4) 门窗、墙面整洁，无灰尘、污迹及张贴广告。

5.院落卫生

(1) 严禁外人进入，确保商品安全，门前院落保持整洁。

(2) 院落商品码放整齐，不乱堆乱放，不留死角。

(3) 废弃物及垃圾品脏物随时整理清运。

(4) 院落内的废旧包装物，及时拆装码放，定期清理做好防火措施。

6.厕所卫生

(1) 厕所门窗、玻璃、地面、墙壁每日清扫，保持干净整洁。

(2) 厕所内垃圾及时清理，污水不外溢。

(3) 每天用药物冲洗便池，不少于3次，保持厕所无异味。

7.通道卫生

(1) 通道内门窗、玻璃、地面、墙壁干净整洁，无尘土塔灰、无杂物、污物。

(2) 通道内无异味，垃圾及时清运。

(3) 通道内商品应码放整齐、隔墙离地。

(4) 通道内的消防器材应妥善保存，定位管理，定时清扫。

# 第十章 商场超市的安全管理

# 第一节 安全管理的认知

## 认知1：安全管理在商场超市经营中的意义

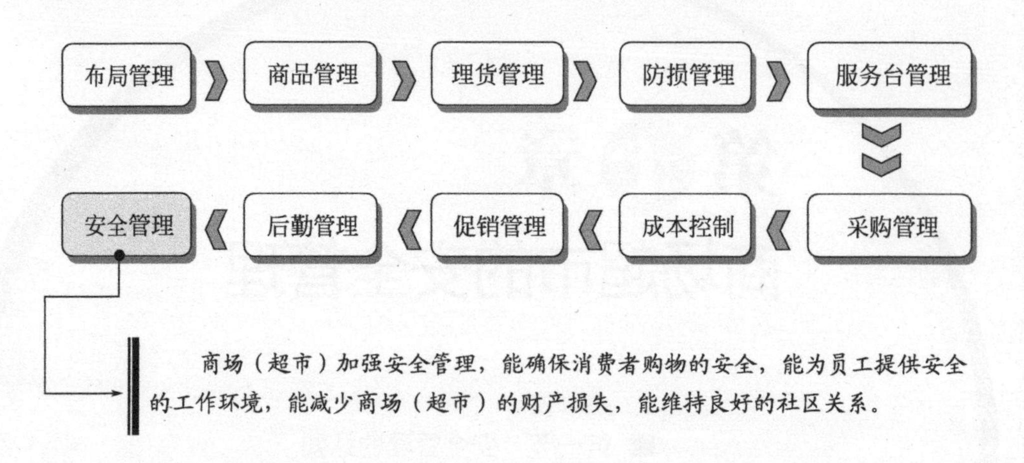


## 认知2：商场超市经营中安全管理的定义和原则

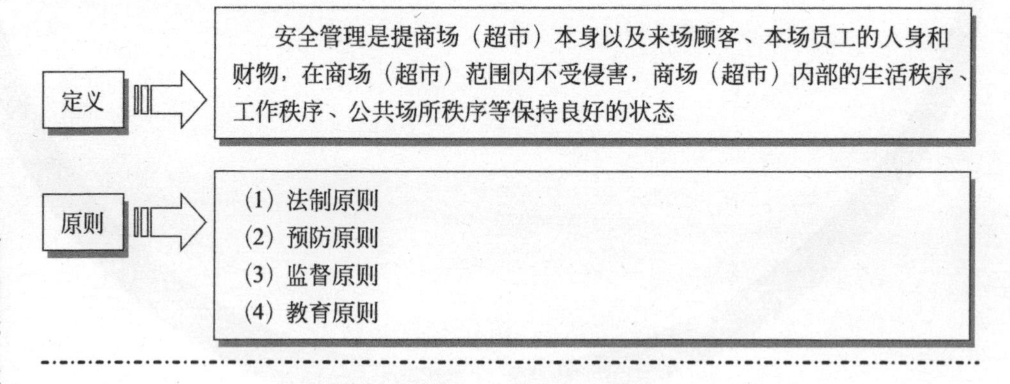


备注：

(1) 法制原则是指商场（超市）所有安全管理措施、规章制度必须符合国家法律法规。

(2) 预防原则是指通过管理消除引发事故的原因，杜绝隐患，将故事消灭在萌芽状态。

(3) 监督原则是指日常的检查工作，不能流于形式，要细致、警觉。

(4) 安全管理不仅仅是安全部门的事，它是一项群力群防的工作，每一位管理员、员工都要有安全意识、预防意识和危机意识。

## 认知 3：商场（超市）安全管理的重要性

安全管理是商场（超市）管理的重要内容之一，是整个企业综合管理水平的重要指标。

1 安全管理可以消除存在的各种隐患和风险，最大程度地预防和避免意外事故的发生

2 安全管理通过规范人的行为，减少人的不安全行为因数，达到避免发生员工，顾客受伤的事故，从而给商场（超市）避免巨大的经济损失

3 安全管理通过对物的不安全状态的控制，如保证设备的正常运转，减少商品的损失和污染等，从而提高商场（超市）的销售业绩和改善服务水平

4 安全管理通过制定相应的管理措施和培训教育，使商场（超市）具备意外事件的应急能力，减低企业在事故中的损失

安全管理的重要性

# 第二节 常见问题解答

## 解答 1：如何做好人员安全管理

人员安全主要是指工作人员在搬运商品中的安全。人员是商场（超市）各项工作的操作者，确保人员安全，才能确保其他各项安全。

**1. 制定行为规范**

商场（超市）应为员工制订行为规范，使员工按规范行事。

例如，员工不准在商场（超市）内部奔跑、打闹；必须按操作规程进行作业。

**2. 配备防护用品**

商场（超市）应为员工配备以下防护用品。

（1）防护棉衣，当员工进入冷冻库作业时，必须穿防护棉衣。

（2）防护手套，用于保护手。

（3）防护头盔，用于保护头部。

**3. 实施安全作业**

员工必须实施安全作业，具体要求如下。

（1）必须有正确的操作姿势和操作规程，以避免造成自身的伤害。

（2）必须正确使用搬运的工具，专业的工具由专业人员操作或必须取得上岗证。

（3）必须在劳动时注意周围的环境，既避免危险因素的侵害。

特别提示：▶▶▶

上级主管要经常对员工的作业情况进行监督检查，发现不规范行为要及时提醒，使其改进。

## 解答2：如何做好商品安全管理

商品安全是商场（超市）运营工作的重中之重。确保商品安全，避免盗窃事件的发生对商场（超市）而言非常重要。具体措施如下图所示。

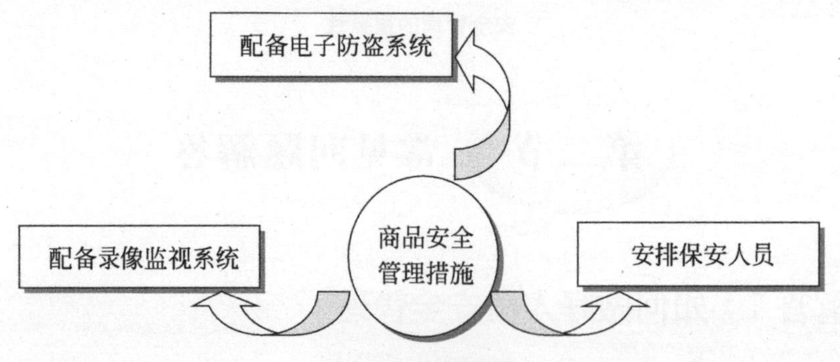


商品安全管理措施

**1. 配备电子防盗系统**

电子防盗系统主要由检测器、解码器（或消磁器）、标签等部分组成。标签附着或附加在商品上，解码器或消磁器使标签失效，检测器用来检测出未经解码或消磁的标签并引发警报。电子防盗系统从样式上看有立式、隐蔽式、通道式三种类型。

**2. 配备录像监视系统**

录像监视系统由镜头、导线、视频切割转换器、监控器、控制器设备组成。录像通过镜头，系统将不同区域传递在相应镜头号监控器上，如：1、2、3…9号区域，镜头号可自行编制，这种监控方式最直接地保证着商场（超市）卖场安全，而且效果不错，但费用较高。一些商场（超市）还使用有真有假的摄影机安装、有效的阻碍系统，来达到降低成本的目的。

**3. 安排保安人员**

电子设备也有出错或停机的时候。因此，保安人员必不可少。在商场（超市）中，可以设置身穿制服的警卫，特别是在出入口处安排警卫，效果较好。

同时还要设立便衣警卫，在商场（超市）卖场中巡逻，和顾客在一块，顾客一般很难辨别其身份，这样既不会让顾客产生被监视的感觉，同时又有安全保证。

## 解答3：如何做好收银区安全管理

收银区是安全管理的重中之重，商场（超市）应当加强对收银区的安全管理，有效保障收银区的秩序，同时严格控制收银损耗行为。

**1. 设置防损员**

商场（超市）应在收银区设置防损员，负责收银区的防损工作，并明确其职责，具体要求如下图所示。

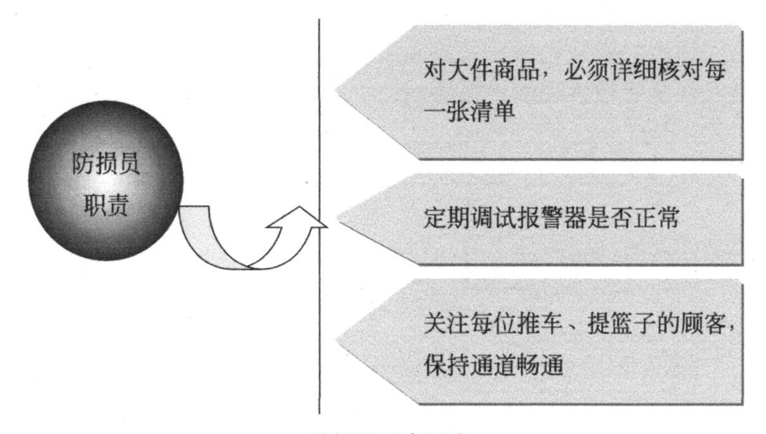


防损员职责要求

**2. 实施巡检**

商场（超市）主管人员要定时巡检收银区，做好如下图所示的工作。

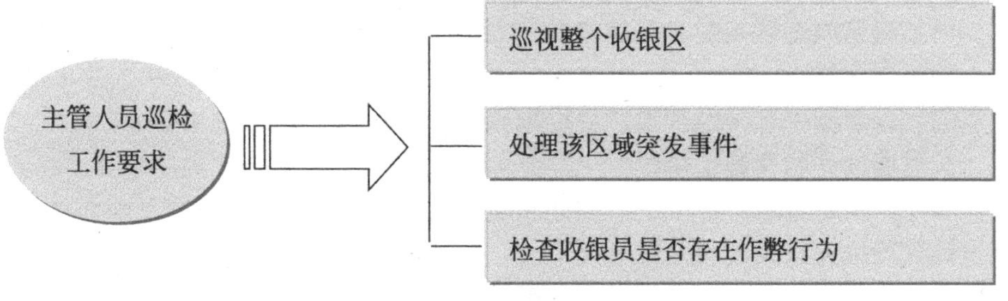


主管人员巡检收银区的工作要求

**3. 抽查收银员**

定期抽查收银员，抽查内容如下。

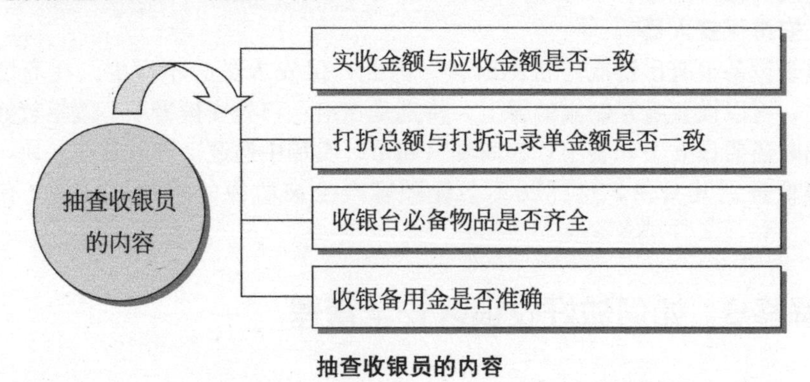


抽查收银员的内容

## 解答 4：如何做好装修施工安全管理

为了预防火灾和减少火灾危害，保护公民人身、公共财产和公民财产的安全，维护公共安全，确保企业正常的经营秩序，预防一旦发生火灾后的及时迅速处置，商场（超市）必须做好对装修施工的安全管理。

装修施工安全管理流程如下图所示。

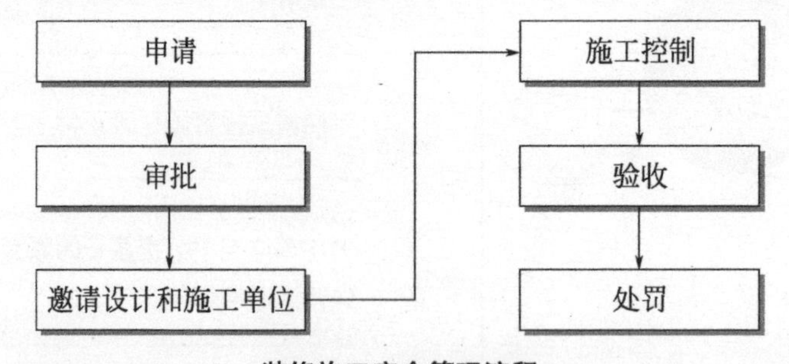


装修施工安全管理流程

**1. 申请**

各部门需要进行装修施工时，应向上级部门进行申请。

**2. 审批**

（1）建筑内装修工程，必须经防损部、市消防局监督机关审批，审批通过后，则可实施施工。

（2）凡未经批准一经查出，将根据有关规定分别给予责任人进行处罚。

**3. 邀请设计和实施工单位**

（1）审批通过后，可以邀请设计和施工单位。邀请的设计和施工单位必须持有设计管理机关核发的相关资质证书。

（2）施工单位需与防损部签订《施工防火安全责任书》、《施工治安安全责任书》、“场内作业审报表”

**4. 施工控制**

（1）施工中不得擅自更改防火设计，要严格按照设计图施工。

（2）建筑内装修，需疏散通道和地下建筑安全出口，不宜采用在燃烧时产生大量浓烟或有毒气体的材料。

（3）施工中严格遵守用电管理规定，各部门增加用电设备施工，改动供电线路，须经工程部门审批，严防因超负荷运转发生电器线路火灾。

**5. 验收**

施工结束后，由防损部、工程部组织对施工成果进行验收。

**6. 处罚**

未经批准强行施工造成火警和经济损失者，应承担经济和行政责任，造成火灾和严重后果者依法追究刑事责任。

## 解答5：如何建立消防安全管理组织

消防安全管理工作应当有健全的管理组织负责，商场（超市）应建立从上到下的管理组织，包括防火安全委员会、防火安全领导小组、义务消防队等。

**1. 建立防火安全委员会**

商场（超市）要建立防火安全委员会，安全委员会人员包括：主任、副主任、委员。主任、副主任由店长、副店长（或防损部经理）担任，委员则由各部门经理主管担任。

特别提示：▶▶▶

防火安全委员会，每季度召开一次例会，每月一次防火检查。

**2. 建立防火安全领导小组**

各部门（或楼层）要建立防火安全领导小组，小组成员包括：组长、副组长、组员，人数根据情况确定，由各部门经理、主管担任组长。

特别提示：▶▶▶

各部门每月召开一次消防会，要确实组织好防火检查，制订计划，重视防火检查的重要性。

**3. 建立义务消防队**

各部门内部还要建立义务消防队，实际负责灭火工作。所有员工都是义务消防队员。确实组织好义务消防员的演习、训练及灭火演练，每年不少于一次。

## 解答6：如何开展消防培训

商场（超市）应当定期开展消防培训，以便使全体员工了解消防灭火知识和技能，并灵活运用于实际消防工作中。

**1. 明确消防培训人员**

消防培训人员可指定内部人员进行培训，也可聘请外部人员来进行培训，具体如下图所示。

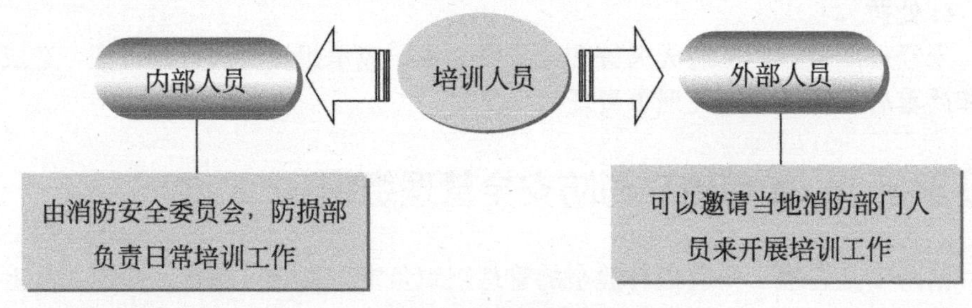


消防培训人员的组成

**2. 明确培训时间、地点**

消防培训应定期召开，如每月一次。培训地点可以选在商场（超市）培训室进行。

**3. 明确消防培训内容**

消防培训一般包括如下图所示的内容。

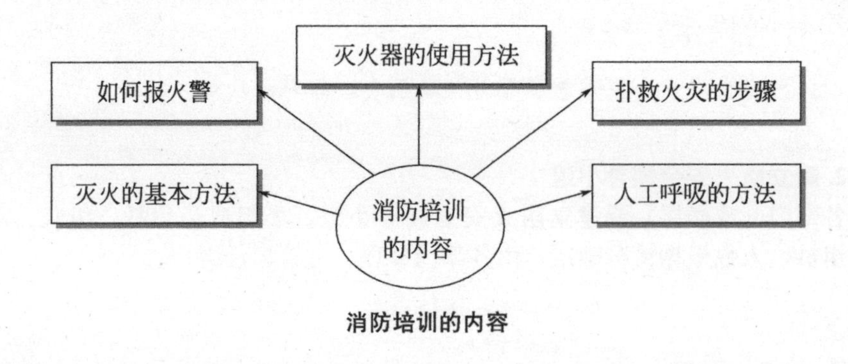


消防培训的内容

特别提示：

每次培训结束后应当对员工进行考核，以确认培训效果。具体可以采取问卷、现场操作等方式。

## 解答 7：如何做好消防巡检

为了预防火灾和减少火灾危害，确保一旦发生火灾时，消防设施及器材处与良好有效状态，商场（超市）应安排相关人员开展巡检工作，以便及早发现隐患，并予以解决。

**1. 设立消防巡检员**

商场（超市）可以设置消防巡检员，负责巡检工作，并明确如下图所示的职责。

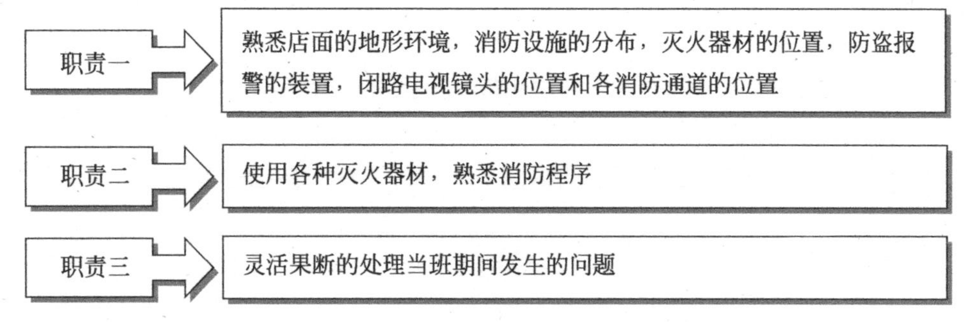


消防巡检员的职责

**2. 明确巡检周期**

巡检工作应每天进行。

**3. 实施巡检**

实施巡检应做好以下工作。

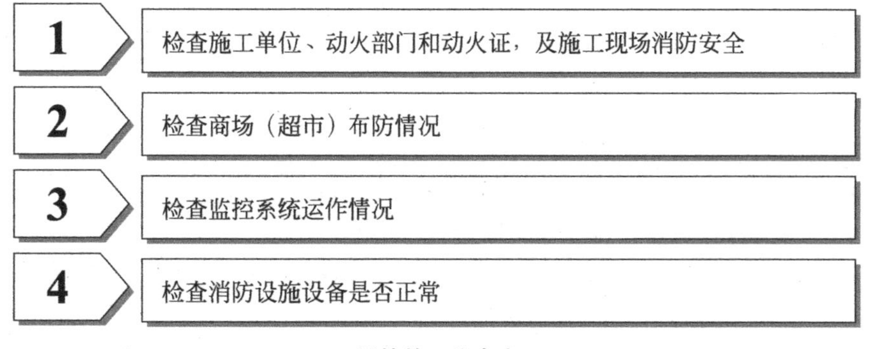


巡检的工作内容

**4. 隐患处理**

巡检中如果发现隐患，应立即签发“消防隐患通知单”，由主管领导批准后，并让其整改完毕，应对其整改隐患进行第二次复查。

**5. 巡检记录**

每次巡检工作，都应做好记录。

## 解答 8：如何应对台风、暴雨、高温等恶劣天气事件的发生

台风、暴雨、高温等恶劣天气很容易造成人员伤亡，商场（超市）必须做好对这种恶劣天气的处理工作。

**1. 恶劣天气的预报**

防损部必须每日关注天气情况，不仅是为了防范恶劣天气带来的灾害，更是提高顾客服务、关注销售的一种体现。一般的恶劣天气，由气象部门预报的预警信号来体现。

**2. 准备工作**

一旦得知有恶劣天气的到来，应做好如下图所示的准备工作。

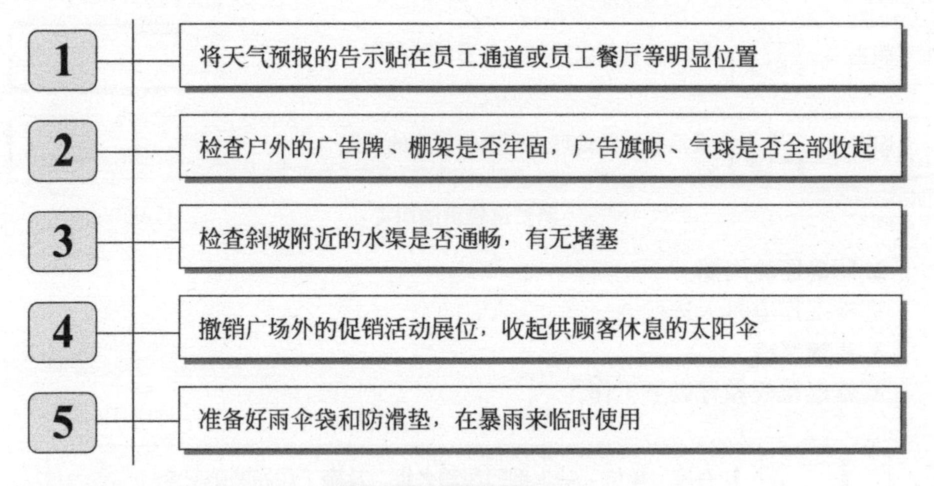


恶劣天气来临的准备工作

**3. 现场处理**

当恶劣天气来临后，在现场要做如下处理。

(1) 门口分发雨伞袋，铺设防滑垫，入口、出口门关闭一半。

(2) 保证排水系统良好通畅，下水道不堵塞。

(3) 密切注意低洼处的区域，将商品或物件移走，以防止水灾造成损失。

## 解答 9：如何应对营业时间停电事件的发生

商场（超市）的日常运营离不开用电，因此，一旦发生停电，会对商场（超市）的运营造成非常严重的影响，因此，商场（超市）必须做好处理工作，避免损失扩大。如果发生停电事故，具体可按如下图所示的步骤操作。

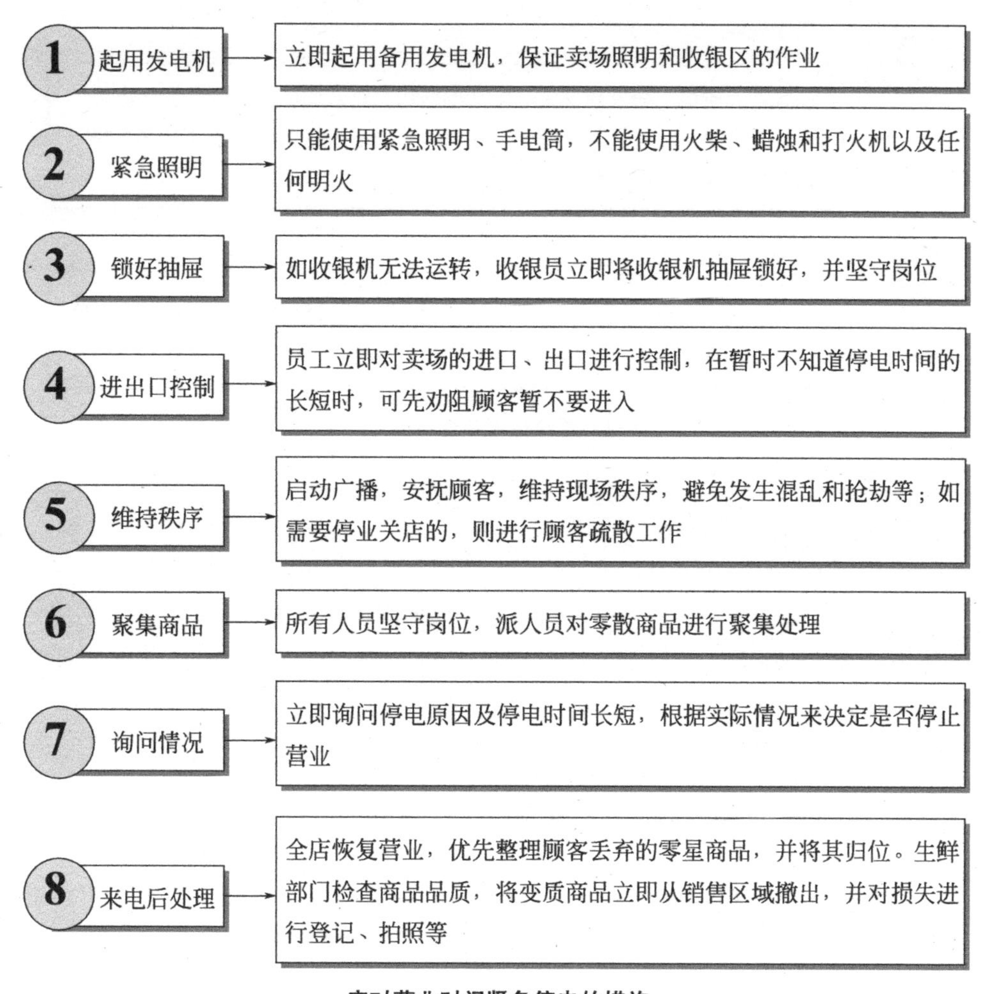


**应对营业时间紧急停电的措施**

## 解答10：如何应对意外伤害事件的发生

意外伤害往往会给顾客造成非常严重的伤害，因此，商场（超市）应当做好意外伤害的应急处理工作，保障顾客的人身、财产安全。具体应对措施如下图所示。

事前预防

定期不定期的测试店内装璜设计和各项设施是否影响顾客行动的安全。进出货场的叉车要正确使用，不超高、不超载，注意来往顾客的安全，不急挺、不猛拐，起放货物时动作要轻

事中处理

如顾客有晕倒、突发病发生，应立刻通知专业人员进行必要的急救处理，尤其是老年人、残疾人、孕妇及儿童，并迅速拨打急救电话“120”或“999”，请派救护车，送顾客到医院就医

事后处理

努力做好事后处置做到各方面都能达成共识。消除影响，总结和教训在员工工作中认真培训，然后将整个事件记录备案

应对意外伤害事件的措施

特别提示：▶▶▶

如有意外伤害、重大伤害时，员工应立即到医院就医，顾客应在客服经理的陪同下立即到医院就医，将具体情况及时上报经理和总部，以便更好处理善后赔偿事宜。

## 解答 11：如何应对治安事件的发生

治安事件包括起哄捣乱、爆炸、起火等多种类型，无论哪种类型的治安事件，商场（超市）都应当按下图所示的流程做好应对措施。

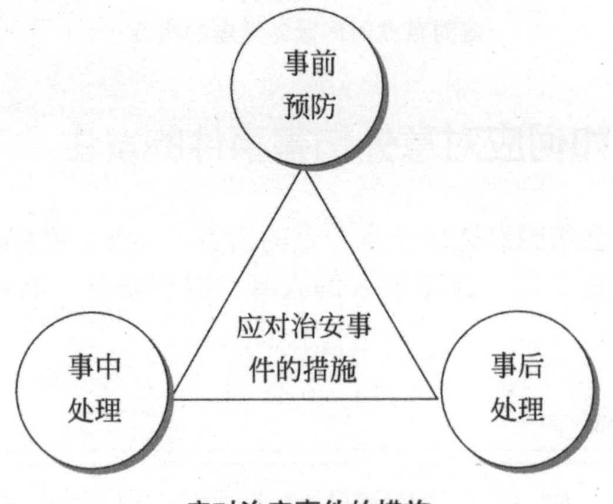


应对治安事件的措施

**1. 事前预防**

平时加强防损人员应急处理技能培训，加强日常巡逻、检查的力度。

**2. 事中处理**

当发生爆炸、起火等事件时，首先由电工拉闸断电，开通事故照明和应急灯，警卫及防损备勤人员必须携带消防器材，迅速赶赴事故现场扑救，并迅速保持现场，把守各要害通道，疏散客流。在现场附近的商场（超市）负责人（包括主管、领班、组长），必须看护好现场，未接到撤离命令，严禁离开现场，并主动协助疏导就近的顾客。

当发生一般性的治安问题时，警卫人员应迅速将主要负责者带离现场，尽量缩小其影响面，防止事态的扩大。

如发现可疑分子，应立即布置专人跟踪，监视，防止被其察觉，然后及时与当地公安机关联系，在协助看管扭送过程中，要提高警惕，以防止其行凶，逃跑或毁灭证据等。

**3. 事后处理**

总结事件处理经验教训，并对事件的处理做好记录。

## 解答 12：如何应对匪徒抢劫收银台的处理

收银台往往储存着较多的现金，一旦发生匪徒抢劫事件，会给商场（超市）造成较大的损失。因此，商场（超市）要做好对此事的处理工作，并严格保护员工的生命安全。

**1. 保持冷静**

收银员、保安员保持冷静，不要做无谓的抵抗，尽量让匪徒感觉自己正在按他的要求去做。

**2. 记住匪徒特征**

尽量记住匪徒的容貌、年龄、衣着、口音、身高等特征。

**3. 匪徒离开后处理**

匪徒离开后处理的措施如下图所示。

1 在匪徒离开后，第一时间拨“110”报警

2 立即保护现场，不能触摸匪徒遗留的物品

3 立即凭记忆用文字记录，填写“抢劫叙述登记表”

4 匪徒离开后，将无关的人员、顾客疏散离场，将受伤人员立即送医院就医

匪徒离开后处理的措施

**4. 清点损失**

保持好现场，待警察到达后，清理现金的损失金额。

## 解答 13：如何预防紧急事件的发生

事故的发生，究其原因，大多数是由于领导干部轻视安全，管理混乱，有关人员思想麻痹，不负责任，以存在少数适度对分子和心怀不满的人，因此，预防事故必须组织有关部门把工作做在前面，防患于未然。

**1. 建立健全安全生产制度**

防损部要协助有关职能部门建立和健全以岗位制为中心的，以防火、防爆为重点的安全生产责任制。认真贯彻有关治安法规，检查对危险品的保管、使用、运输和防火、防爆制度的执行情况。

为推动安全生产，还应健全安全生产奖惩制度。所有制度都要随着生产的变化及时修订，防损部要发挥监督、检查、指导作用。

**2. 加强对新员工的教育培训**

对新员工有关部门要认真进行安全教育，使他们一进公司就懂得安全生产的基本知识，形成安全生产的观念。

同时，对他们进行技术培训，特别是对电工、锅炉工、水暖工、维修工等特殊工种的培训，使他们既掌握操作技术，又具备必要的防爆、防火知识。

**3. 购置必要的技术装备**

为了防止事故的发生，或一旦发生事故苗子，险情能及时抢救、扑灭，应购置必备的技术装备。

在可能发生火灾、爆炸的场所，要设置足够的防火、灭火、防爆设备器材。在容易发生事故的部位，要安装报警信号装置和自动熄灭，排除险情装置。

**4. 开展安全检查**

检查要做到经常化、制度化，把经常检查和季节检查、全面检查和专项检查结合起来。

安全检查的内容如下图所示。

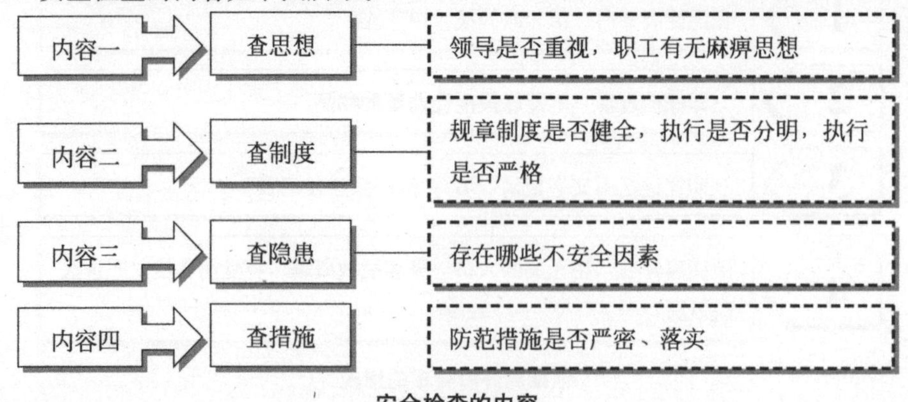


安全检查的内容

查处问题及时整改，还要认真配合有关部门定期发动员工找差距、查漏洞、集中解决一批不安全因素。

下面提供一份××超市应急处理奖励与处罚规定的经典范本，供读者参考。

## 【经典范本】××超市应急处理奖励与处罚规定

### ××超市应急处理奖励与处罚规定

对突发事件处理过程中工作成效显著、隔离或控制危机措施得力、及时有效平息事件，为公司避免或挽回重大损失，有效维护本超市的企业形象、品牌声誉的单位或个人，可以予以精神或物质奖励。奖励费用列入专项费用。

本超市相关人员有下列情形之一者，将按《员工手册》和《奖惩条例》有关规定进行处罚：

1. 行为失当或重大过失引起危机事件发生的。

2. 事件发生后，听之任之、不积极处理、相互推诿，严重损坏超市形象和声誉或导致损失扩大的。

3. 符合规定情形，隐瞒不报或私自处理，损害超市利益或声誉的。

4. 符合规定情形，上报不及时，延误最佳解决时机，导致双方矛盾扩大，增加处理难度或损失扩大的。

5. 现任责任人对前任遗留的事件处理不积极，造成取证困难等情形，致使超市形象、声誉和合法权益受损或损失扩大的。

6. 在与对方当事人沟通过程中，泄露有关材料给对方，导致我方处于被动的。

7. 违反第四章保密规定，向媒体或外界披露、泄露有关保密事项的。

8. 故意隐瞒事件真相、提供虚假资料或事件处理监控表的。

9. 超越职权范围，擅自与对方交涉，造成超市权益受损的。

10. 与对方或其他第三方串通，为谋私利或泄私愤而损害超市权益的。

11. 其他严重损害超市利益或有关规定的。